「選ばれる人」の新常識

リミットレス時代の転職術

Limitless Careers

森本千賀子 Chikako Morimoto

日本経済新聞出版

プロローグ

「ネット関連企業のサービス開発から、地域活性化支援企業の事業開発室長へ」（30代）
「大手重工系メーカーの営業から、ＩＴスタートアップの営業マネジャーへ」（30代）
「コンサルティングファームから、外食企業の幹部へ」（20代）
「人材関連企業の人事部長から、ＩＴスタートアップのＣＨＲＯ（最高人事責任者）へ」（50代）
「介護施設の施設長から、リゾートホテル運営会社の経営メンバーへ」（40代）

これらは実際にあった転職事例です。

一昔前まで、「異業界への転職は20代が限界」「転職は35歳が限界」などと言われていましたが、昨今、30代、40代、なかには50代でも新たな分野にチャレンジし、転身を成功させているケースは少なくありません。

本書のタイトルにある**「リミットレス」とは、「限界・制約《リミット》がない」こと。**「リミットレス時代の転職術」という言葉どおり、「転職」において、かつて存在した限界点や制約は消えつつあります。

本書を手に取っていただき、誠にありがとうございます。森本千賀子と申します。

私は30年以上にわたり、「転職エージェント」として活動しています。新卒でリクルート人材センター（現・リクルート）に入社し、企業に対する人材採用コンサルティング、ビジネスパーソンに対するキャリアコンサルティング、転職活動支援などに携ってきました。２０１７年に独立し、株式会社ｍｏｒｉｃｈ（もりち）を設立。企業とビジネスパーソンの皆さんの橋渡し役として、これまで4万人以上のビジネスパーソン、５０００社以上の企業と出会い、２５００人以上の転職をお手伝いしてきました。

この30年の間に、転職市場は大きく様変わりしています。私が転職エージェント業を始めた頃は、転職に対して後ろめたさやネガティブなイメージを持たれがちでした。ところが近年、大企業の「終身雇用」が崩れるなかで、転職は誰にとっても「当たり前の選択肢」として捉えられるようになっています。ビジネスパーソンにとっては、勤め先が敷いてくれるキャリアのレールに乗って進むのではなく、個人が主体的に考えて行動していく「キャリア自律」が求められるようになりました。

中長期的・戦略的にキャリアを築くため、積極的に転職する方が今、増えています。

かつての中途採用では、同業種・同職種の経験者を求める求人がかなり目につきましたが、冒頭に挙げたとおり、異業種への転職の機会、チャンスも増えています。

業種・職種の枠を超える転職は「越境転職」とも呼ばれます。その背景には、まず労働人口の減少により人材の確保が難しくなっていることがあります。加えて、産業構造の変化に伴い、既成概念を塗り替えるような変化が起こっていることも挙げられます。

各企業では、変化に対応するために事業・組織変革や新規事業開発への取り組みを強化しており、業界・業種の垣根を越えて、自社にない新たな知見・スキルや情報を取り入れたいというニーズが高まっているのです。ダイバーシティ（多様性）を意識して、いろんなタイプの人材を採用しなければならないと話す採用担当者、企業経営者も増えています。

実際に私が転職相談を受けた方に求人をご提案すると、「自分がこんな業界（企業）に行けるなんて」と驚かれるケースが多々あります。こうして今、企業も個人も、業界・業種や職種の枠を超えて、採用する／転職する動きが加速しているのです。

転職活動でリミットレスとなっているのは、業種・職種の選択肢だけではありません。

コロナ禍を機に「リモートワーク」が拡大。フルリモートワーク、あるいはリモートワーク＋出社を組み合わせたハイブリッド型の勤務形態を定着させた企業が多数あります。これにより勤務地・居住地の制約も緩和されました。実際、東京在住のまま関西エリアなどの企業に転職し、リモートで働くといった事例は、数多く生まれています。

このほか、「大手企業からスタートアップへの転職」がトレンドになっていたり、以前はほぼ見られなかった「中小企業やスタートアップから大手企業への転職」の事例が増えていたり、これまで男性しか採用されなかったポジションに女性が迎えられたりと、転職におけるリミットがどんどんなくなっていると実感しています。

さらに、キャリアの築き方そのものが「リミットレス」へと向かいつつあります。

例えば、これまでとは異なるビジネスを経験してみたい、新しいスキルを身につけたいなどと考えた場合、以前ならまず「社内異動」の道を模索し、叶わなければ転職に踏み切らざるを得ませんでした。

しかし、昨今は「副業」という手段で他社のビジネスを経験することもできます。副業を解禁する企業が増え、企業と副業希望者のマッチングサービスも広がっているため、転職というリスクを取らなくても新たなチャレンジが可能になっているのです。私が日頃お会いするビジネスパーソンの多くは何らかの副業をしており、副業を活用してスキルアップを図っています。副業で得た経験を活かし、本業で活躍している方も大勢います。

また、「転職」ではなく「独立起業」の道を選択する方も増えてきました。人材獲得競争が激しくなるなか、企業側にも以前のように「正社員でなければならない」という制約を外し、多様な雇用形態を受け入れる動きが増しています。そこで、専門スキルを活かして個人事業主（インディペンデント・コントラクター＝ＩＣ）となり、複数企業と業務委託契約を結ぶスタイルで活動し、理想のワークライフバランスを実現している方が大勢います。

仕事や働き方を考えるうえで見逃せない変化がもう1つ。生成ＡＩ（人工知能）の台頭です。これまで人間の手で行われてきた仕事の多くが文章やさまざまなコンテンツをつくってくれるＡＩに取って代わられているという事実があります。今後、事務仕事（特に、チェックや入力の作業など）のＡＩへの代替が加速していくでしょう。引き続き人間が担うものとして残る業務においても、そのやり方は大きく変わっていきます。

1人ひとりの生き方、働き方が根本的に問い直される時代がやってきているのです。このような新しい環境で、あなたは、これからどのように働きたいですか。これからの人生をどのように充実させたいでしょうか。

本書では、「リミットレス転職」「リミットレスキャリア」を実現するための方法を3章にわたってお伝えします。

第1章では、「越境転職」「非連続キャリア」「ジョブ型雇用」「業務委託」「スタートアップ転職」「副業」など、今の時代のさまざまなキャリア構築の手段・働き方をご紹介します。

第2章では、転職を検討する場合、どのような転職活動の手段があるのかを挙げました。近年、企業の採用手法が多様化しており、求職者にとっては情報収集ルートが増えています。チャンスを広げるため、複数の手段やツールを活用するといいでしょう。

第3章では、自分らしいキャリアを歩むために意識しておきたいこと、準備しておくとよいことについてお話しします。

これからお伝えする内容が、あなたのキャリア構築や転職活動において、ご自身のリミットを超え、新たな可能性を広げていくためのヒントになればとても嬉しく思います。

2024年10月

森本　千賀子

第3章

リミットレス転職への準備
——自己分析に活かしたい14の新常識とキーワード

第1章

転職はリミットレス
働き方の
新常識がわかる
15のキーワード

リミットレスキャリア／越境転職／ポータブルスキル／35歳転職限界説／非連続キャリア／ジョブ型雇用／ビジネス系フリーランス／独立起業／FIRE／社外取締役／サバティカル／スタートアップ転職／サー活／副業3.0／ブルシット・ジョブ

01

「リミットレスキャリア」のススメ

——いろんな制約がなくなった

これまで「良いキャリア」と考えられていたのは「一流大学を出て、大手企業の正社員となり、組織内で出世コースを歩む」というものでした。ところが、終身雇用が徐々に崩れつつあるなかでその価値観も変わり、「幸せなキャリアの形」は多様化しています。「ダイバーシティ（多様性）」の意識の高まりも背景に、自分らしい働き方やキャリアを選択することが認められやすくなっています。その点で、私たちは、キャリア構築、転職において、心理的な制約から解放されたと言えるでしょう。

実際に私たちが転職や新たなキャリアを構築するにあたり、どのような変化が起こっているのか。8つの観点からご紹介しましょう。

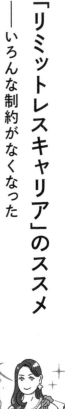

●年齢の制約がなくなってきた

かつては**「35歳転職限界説」**という言葉もささやかれていました。中途採用のターゲットのボリュームゾーンが20代〜30代前半の年齢層である事実は現在も変わりません。しかし、少子高齢化が進み、労働人口も減少し、若手層を中心とする人材獲得競争は激化しています。より幅広い年齢層へと採用対象が広がっているのです。

以前は「60歳定年」が主流でしたが、今や雇用延長などで65歳まで働く人も増えています。さらに「人生100年時代」とも言われるようになり、70代まで働くことも現実のものとなりつつあります。

それらを踏まえると採用市場では、「30代後半はまだまだ若手」。採用側も、40代、50代の人の受け入れに抵抗がなくなるなど、年齢に対する認識が変わってきています。ミドル・シニア層には「積み上げたノウハウの提供」「若手の育成」「人脈の活用」などが期待されており、以前のような「年齢の制約」は緩和されているのです。

●勤務形態の制約がなくなってきた

「フリーランス」と言うと、以前は少し特別な響きがあり、デザイナーやライターといったクリエイティブ職やITエンジニアなどが多い印象でしたが、近年は、営業・マーケティング・企画、さらに経理・人事などの管理部門職など**「ビジネス系フリーランス」**という新しい働き方も一般化してきました。

そうした動きを受けて、かつては正社員・契約社員のみしか採用していなかった企業でも、近年は「雇用形態は問わない、業務委託でもかまわない」とするケースが増えています。ビジネス環境の変化に対応するため、スピーディにプロジェクトを立ち上げる必要性が高まっており、多くの企業が、柔軟に動けるフリーランス人材の専門知見・スキルを活用したり、スポット的に発生する難度が高い業務を委託したりしています。

このように企業と働く人の間に新たな関係性が生まれ、「組織に縛られない」「自分の時間を自由に使いたい」という志向を持つ人が、正社員以外の働き方を選択しやすくなっているのです。SNSなどを通じて「同志」「仲間」と出会い、つながりやすくなっている背景もあり、独立起業するケースも増えています。

●人間関係の制約がなくなってきた

勤務形態の制約がない「フリーランス」という働き方は、人間関係の制約からも解放されると言っていいでしょう。組織内の人間関係のしがらみにとらわれることがない、気が合わない上司や同僚に無理に合わせる必要がないという点で、ストレスの軽減につながる可能性があります。

●場所の制約がなくなってきた

コロナ禍以降、「リモートワーク」が普及し、その後も定着しました。働く人々のリモートワークへのニーズは非常に高く、人材獲得を目的に「フルリモートワーク」を売りにする企業も見られます。

これにより、場所の制約がなくなりました。例えば、「自然豊かな場所に居ながら都会の企業で働く」「海外に住んで日本企業で働く」「日本に居て、海外企業の仕事をする」など、希望のライフスタイルを実現できるような居住地選択がしやすくなっています。

●勤務時間の制約がなくなってきた

「働き方改革」により、勤務時間の柔軟性が高まっています。「フレックスタイム制」を導入している企業のなかでも、コアタイムを撤廃して「フルフレックス」へ移行する企業、「1日10時間勤務で週休3日」などを導入する企業も見られるようになってきました。

また「リモートワーク」も、これまでの仕事にまつわる時間の制約を解消することにつながっています。通勤時間が削減されたことで新たな時間が生まれ、家族と過ごす時間、趣味を楽しむ時間、副業、学びなど、自由な活動に充てやすくなっています。

●収入・お金の制約がなくなってきた

「転職したいけれどできない」という障壁となりやすいのが「収入」です。特に30代以上の方々は家庭を持っていたり住宅ローンを抱えたりしている都合上、年収ダウンとなる転職を避けたがる傾向にあります。特に、大手企業からスタートアップやベンチャー企業への転職では、年収ダウンがネックとなるケースが多数ありました。

しかし近年ではエンジェル投資家の台頭や金融機関からの融資も含めてスタートアップやベンチャー企業が資金調達しやすい環境となっており、人材に投資できる企業も増えています。以前と比較し、スタートアップやベンチャー企業に転職しても年収が維持できる可能性が高まっています。

年収については、ストックオプションなどの未来への期待との掛け合わせで柔軟に考えるという人も増えています。また、副業解禁が進み、副業人材を受け入れる企業が増えていることから、本業の収入を副業で補いやすい環境も整ってきています。

加えて、「金融リテラシー」も向上し、投資や資産運用などからのキャピタルゲインの恩恵により、**「FIRE（ファイア）：Financial Independence, Retire Early＝経済的自立と早期リタイア」**を目指す方も見られます。

● 経験の制約がなくなってきた

かつての中途採用市場では、「同業界×同職種」の経験を持つ人材を対象とする求人が多くを占めていました。キャリア構築においても、「特定の専門分野で長く経験・実績を積み重ねていくことが大切」という考え方が主流でした。そのため、残念ながら「転職回数が多い人」「職務経歴が多様な人」は中途採用選考で不利になりがちでした。

ところが時代は変わり、現在は、「多様な経験」がプラス評価される傾向にあります。何らかのコアスキルを持つことは重要ですが、さまざまな業界・職種の経験を「掛け算」で活かすことにより、希少性が増し、バリューアップすると言えます。変化の激しい時代において、多種多様な分野での経験により、選択肢が増えることで最適なキャリアを築くことができると言えるでしょう。とりわけ、10年以上、同じ職場にいるという方には「昔の常識には縛られないで」と強調したいところです。

●スキル・能力の制約がなくなってきた

以前は社歴や年次が上がると「マネジメント」経験を求める企業が多かったのですが、専門に根差した経験に価値を置く「スペシャリスト」としてのキャリアコースを新設する企業も増えてきました。「ジョブ型雇用」を導入している企業では、自身が強みとするスキルを活かしやすいでしょう。

同業界×同職種への転職が主流だった頃は、募集企業の業界・職種で活かせる専門スキル・能力が求められました。ところが現在は、社会、経済、価値観などの変化により、これまでのスキル・能力が通用しなくなっているケースもあります。

そこで採用選考においては、業界・職種として得てきた専門スキルだけでなく、業界・職種にかかわらず持ち運びできる**「ポータブルスキル」**が注目されるようになっています。例えば、課題分析力・コミュニケーション力・交渉力・調整力といったものが挙げられます。あなたが「ポータブルスキルを活かせる人だ」と認められれば、異業種・異職種への転職も叶いやすくなっているというわけです。

このように、転職やキャリア構築においての制約は、あなたが思うより少なくなり、希望を叶えるハードルは低くなっています。自身の固定観念や思い込みを取り払い、さまざまな情報に触れられるようにアンテナを張っておくことで、リミットレス転職、リミットレスキャリアの実現につながるでしょう。

転職の女神からのメッセージ

自分で自分の限界を決め付けないで！

02 「越境転職」につながる「ポータブルスキル」を持っている？

お伝えしたとおり、少し前まで、転職と言えば「同業種・同職種」を求める求人がよく見られました。求人企業側は即戦力を求め、同じ業種・職種経験者を募集対象としてきたという背景からです。ところがその常識は崩れようとしています。

近年、転職市場ではあたらしい変化が起きています。先にも触れた**異業種や異職種へ移る、いわばボーダーレスな「越境転職」**が増加しているのです。業界・職種という枠組みを超えるリミットレスな動きです。

その背景には、企業と働く人それぞれのニーズや価値観の変化があります。

リクルートの発表によれば、「リクルートエージェント」を通じて転職した方々（2022年度）を分析したところ、「異業種×異職種」への転職パターンが約4割（39・3％）を占めたそうです。次いで、「異業種×同職種」への転職が32％、「同業種×異職種」が11％

● 年齢別　転職の業種・職種移動のパターン別割合（2022年度）

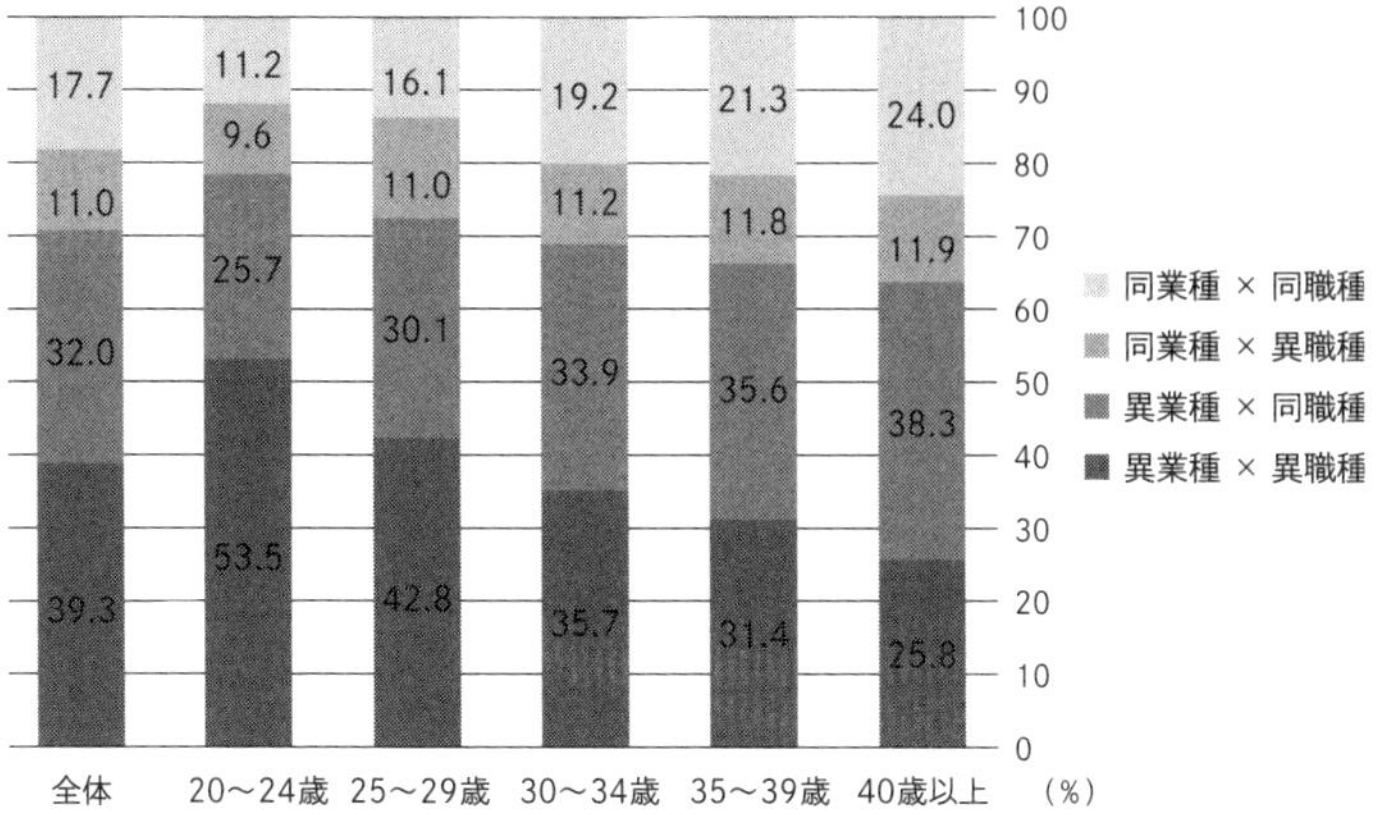

出所：リクルート

と、業種か職種、あるいは両方を変える転職を果たした方が8割を超えています。

企業が人材採用で求めている要素には次のようなことが挙げられます。

- 業種・職種の垣根がなくなり、枠組みを超えた発想ができる人を迎えたい
- 新規事業として異分野に参入するにあたり、その分野の知見を取り込みたい
- 時代の変化に対応するため、自社にない知見で事業や組織を変革してほしい
- 凝り固まった組織に新しい風を吹き込んでほしい、刺激を与えてほしい

一方、働く人が求めているニーズは次のようなことです。

・将来のキャリアの選択肢を増やすために、新たな経験・スキルを得たい
・今よりも発展性、成長性が望める分野でキャリアを築きたい
・業界・業種にかかわらず、理念やパーパス（目的）に共感できる企業で働きたい

環境変化、新しい風、成長、共感――。

こうして双方のニーズが合致し、業種・職種をまたいだ転職が成立しているのです。

●ニッチな経験が意外な業界で役立つ？

越境転職においては、専門性の高いスキルがそのまま活かせるケースもあります。

例えば、医薬品メーカーで研究開発を行っていた人が、サプリメントの商品展開に乗り出す食品メーカーや化粧品メーカーに研究開発職として採用されるようなケースです。

その一方で、業種・業界のテクニカルな専門知識ではなく、1つの職場や業界に限らずさまざまな場所で活用できる汎用性の高い**「ポータブルスキル（＝持ち運びができるスキル。マネジメント力、課題分析力、交渉力、調整力など）」**が評価されて、越境転職が実現するケースも

●ポータブルスキルとは

◆対課題力：課題や仕事の処理対応能力

試行力	自分でいろいろと試行錯誤しながら物事を進めることができる力
変革力	常に新しいものを取り入れたり、変えていくことができる力
機動力	状況に応じて機転を利かせた判断行動ができる力
発想力	既成概念にとらわれることなく物事を考えることができる力
計画力	情報を整理して物事を段取りよく進めることができる力
推進力	目的意識を持って、ゴールへと推し進めることができる力
確動力	計画したことに対して、着実に実行することができる力
分析力	本質を捉えようと深く掘り下げて考えることができる力

◆対自分力：行動や思考のセルフコントロール能力

決断力	一度決めたら最後まで貫く潔さで行動できる力
曖昧力	不確実で不安定な状態をそのまま受け入れることができる力
瞬発力	臨機応変に、かつ集中的にパワーを発揮することができる力
冒険力	新しいことに対して危険を恐れず挑戦することができる力
忍耐力	苦しみや辛い状況を受け入れることができる力
規律力	秩序やルールに従って物事を進めることができる力
持続力	長時間継続してひとつのことに取り組むことができる力
慎重力	注意深く丁寧に物事を進めることができる力

◆対人力：人に対するコミュニケーション能力

主張力	周囲に対してオープンに自分の考えを発信することができる力
否定力	相手に対して、指摘や否定をすることができる力
説得力	相手に対して、自分の考えを理解納得させることができる力
統率力	集団をまとめていくことができる力
傾聴力	相手の意見や要望に真剣に耳を傾けることができる力
受容力	相手に共感し、受け入れることができる力
支援力	相手に気を配り、支援やサポートをすることができる力
協調力	周囲との調和を図りながら物事を進めることができる力

出所：リンクアンドモチベーション

多々あります。

ポータブルスキルの種類については、ウェブ検索するとさまざまなものが紹介されていますが、ここではリンクアンドモチベーションが分類した一覧をご紹介します。

さて、あなたに当てはまるポータブルスキルはいくつあるでしょうか？「ポータブルスキル診断」のサービスも複数ありますので、利用されるとよいでしょう。

あなたが転職に備えてご

自分のセールスポイントを整理しようと思っているのならば、このポータブルスキルに当てはめて「強み」を言語化してみましょう。強みの言語化については第３章１６４ページ以降にステップを踏んで、これまでのキャリアの「棚卸し」をする方法を紹介していますので、ぜひお試しください。

ポータブルスキルを自分の「強み」として自覚し、適切にアピールすることができれば、転職にも活かすことができます。

30代は、ポータブルスキルが評価され、異業種・異職種に転職を果たす事例も多く見られます。特に40代以降になると、何かしらのコアな業務経験（専門性）を評価されるウエイトも大きくなりますので、今の仕事があまりにニッチで、「つぶしが利かない」という不安を強く感じるのであれば、今のタイミングで転職を検討するのも選択肢の１つかと思います。

自分ではニッチだと思っていた経験が、思いがけない業界や企業で歓迎された……という転職事例は多数あります。

● 越境転職で成功するポイントは「ポータブルスキルの活用」

実際にポータブルスキルを活かして越境転職に踏み切り、新しいキャリアを手に入れた6人の方の事例をご紹介しましょう。

① 福祉業界からリゾート業界へ――仕組みを整えた経験

福祉業界で経験を積んだAさん（40代）は、リゾート事業運営企業に経営メンバーとして採用されました。Aさんは介護施設を運営するにあたり、入居者のニーズや気持ちに寄り添うことを大切にサービスの企画・開発を手がけてきた方です。

転職先の企業は、リゾート事業運営において「シニア層」を重要なターゲットとして設定。Aさんの介護施設運営の視点を活かしてもらえると考え、迎え入れたのです。

加えて、Aさんには、混沌としていた仕組みを整備し、落ち込んでいた業績を立て直した実績もありその経験も、企業側のニーズにマッチしました。「顧客ニーズをつかむ」「課題を整理・分析する」「仕組みを整備する」といったポータブルスキルが評価されたのです。

② コンサル業界から食品業界へ――課題の分析や提案の経験

コンサルティングファームに勤務していたBさん（30代）は、お子さんが生まれてから子どもたちの未来に思いを馳せるようになり、「SDGs（持続可能な開発目標）」に興味を持つようになりました。

「社会貢献につながる仕事がしたい」との思いを強めた結果、有機食品を扱う企業の企画職に転職。「食を通じて人々の健康に貢献する」という理念に共感しての選択でした。入社後は、コンサルティング業界で培ってきた、「経営課題の分析」「課題解決策の提案」「戦略の策定」などのポータブルスキルを活かしています。

③ネット業界からソーシャルビジネスへ——新しく生み出した経験

インターネット業界でサービス開発を手がけていたCさん（40代）も、Bさんと同様、「社会貢献」への思いを強めました。転職先として選んだのは、地域活性化を支援する企業です。Cさんは観光やレジャーなどの知識はありませんでしたが、「新しい仕組みを創る」「すでにあるものに新たな付加価値をつける」などのポータブルスキルが評価され、事業開発室長のポジションで迎えられました。

④生保業界からホテル業界へ——女性をマネジメントした経験

生命保険会社の営業マネジャー・Dさん（40代）は、ホテル・レストランチェーンに転職を果たされました。Dさんは生命保険会社で女性の営業部隊のマネジメントを手がけていた方。女性の能力を引き出し、モチベーションをアップさせる手腕、育児と仕事の両立をサポートしてきた経験が、女性スタッフが多いホテル・レストラン事業に応用できると期待されたのです。「マネジメント力」も評価の対象となるポータブルスキルです。マネジメントをする対象層やスタイルが似ていると、異業界でも活かすことができます。

5 小売業界からエンタメ業界へ――多様なスタッフをマネジメントした経験

量販店で店長を務めていたEさん（30代）も、マネジメント経験を活かし、エンターテインメント施設のマネジャーに転職されました。前職では、正社員・派遣社員・パート・アルバイトなど多様な雇用形態のスタッフをマネジメントしていたEさん。エンターテインメント系の経験はありませんでしたが、採用された企業でも多様な形態のスタッフを雇用しているため、マネジメント経験を転用できると評価されたのです。

6 製造業界からIT業界へ――営業ノウハウを仕組み化した経験

大手メーカーでトップセールスとしての実績を上げてきたFさん（40代）。営業の型化・仕組み化のノウハウを身につけていたことから、それを活かし、営業の業務プロセスをデータ化・可視化して営業を科学するマネジメントツールをＳａａＳ《サース》（クラウドサービスの一種）

で提供するIT企業に営業部長として転職を果たしました。

いかがでしょうか？　このように、ポータブルスキルを活かすことで、まったく異なる業界に転職を果たすケースは多く見られます。

私たちのような転職エージェントは、「この経験・スキルはこちらの業界にも転用できる」という知識・経験を豊富に持っています。そこで相談に来られる方に、「こんな業界はいかがですか」と切り口の異なる求人をご紹介すると、「えっ、私がこんな業界に転職できるんですか？」と驚かれるケースが少なくありません。

ご自身の可能性に気づかず、選択肢を狭めてしまうのはもったいないことですね。

あなたもぜひ、ご自身の経験を、「ポータブルスキル」として棚卸ししてみてはいかがでしょうか。あたらしいチャンスをつかむきっかけが見えてくるかもしれませんよ。

転職の女神からのメッセージ

ポータブルスキルを活かし、リミットを超えよう！

03

あなたの"転職モテ期"は今！「35歳転職限界説」は、もう古い

「転職するとしたらどのタイミングがいいのか？」

そんな悩みを抱いている人は少なくありません。

転職のベストタイミングは、取り巻く環境や目的によって1人ひとり異なります。とはいえ、年齢層によって、企業から求められる要素を知っておくことも大切です。特に「30代」は今後のキャリアの分かれ道とも言える時期ですから、転職市場をしっかり理解したうえで判断したいものです。

30代のキャリアが語られるとき、登場するのが、**「35歳転職限界説」**――。

「えっ、何それ？」と思うでしょうか。「あるよね、ずっと言われてきたことだし……」と思うでしょうか。そもそも、これは事実なのでしょうか。

はっきり言ってしまいます。この説は、もう古いですよ！

● 30代前半は20代と同様のチャンスあり

「未経験の業種・職種にキャリアチェンジができるのは、やっぱり20代のうちだよね」

そんなふうに思い込んでいませんか？

確かに、20代は「新卒採用」と同じ感覚でポテンシャル層の採用ターゲットとされる傾向がありますから、経験のない業界に飛び込もうと思ったら門戸は広く開かれています。

ただ、30代前半の方でも20代と同様、未経験の業種・業界や職種へ、リミットレスな転職を果たすケースは多数見られます。

もともと中途採用市場で特にニーズが高い年代は20代後半〜30代前半。基本的なビジネススキルが身についており、ある程度責任のある役割やチームリーダーも経験している。一方、まだまだ柔軟性があり、新しい仕事を早く吸収できる・そんな期待が持たれているのがこの年代です。

つまり、これまでの業種・職種経験を活かしてキャリアアップする道、異業種・異職種へキャリアチェンジする道、どちらの選択も可能と言える年齢層です。選択肢が豊富な分、目先の条件や企業ブランドにとらわれず、将来目指す方向性を明確にしましょう。

「スペシャリスト」として専門スキルを極めるのか、「マネジメント」でキャリアを積むのかも、この時期にじっくり考えておきたいものです。

●35歳の転職は〝2つのスキル〟が決め手

では、30代半ばにもなると、企業からは何を期待されるようになるのでしょうか。

まずは「コアスキルは何か。それをどう活かせるか」ということ。

つまり、何らかの専門分野で豊富な経験を積んでいることが重視されます。とはいえ、転職活動で、安易に「私は〇〇分野で15年経験を積んできました!」とアピールするのはNGです。

変化のスピードが速い昨今、蓄積したノウハウが時代に合わなくなっていることも。知識を最新のものにアップデートできているかどうかが問われるのです。

さらに、30代の人材には「リーダーシップ」「マネジメント力」の面でも期待が寄せられます。「役職に就いたこともないのに、マネジメント力なんてアピールできないよ……」なんて思うかもしれませんが、安心してください。心配ご無用です。

「課長」「部長」といったポジションに就いたことがなくても、「後輩やチームメンバーの指導・育成をした」「何らかのプロジェクトを統括・主導した」という経験はありませんか？

課題に対してどう取り組んだか、どう成果を上げたか、周囲の人をどう巻き込んで協力を得たか……などを語ることができれば、「リーダーシップ」「マネジメント力」は、十分評価されます。日常的に、社内外でのイベントの司会や運営統括、会議・ミーティングのファシリテーション、歓送迎会などの宴会の幹事を引き受けるなどしながら場を仕切る、関係者を巻き込む経験も、プラスの評価につながるはずです。

30代後半以降となると、「コアスキル」「マネジメント力」が評価されれば転職は可能ですし、異業界に迎えられるケースも多数あります。

ちなみに……50代の転職事情は？

「人生100年時代」と言われるようになり、「70代まで働かなくちゃいけないのか……」と先の長さを嘆くようなため息も聞こえてきます。

あなたが30代であれば、「50代・60代の自分はどこでどんな仕事をしているんだろう？」と考えつつ、想像ができない……という感覚かもしれません。

そもそも今、「50代の転職」はどのような状況なのでしょうか。

実はこの5~10年で、50代の方が転職に成功するケースは増え、年齢のリミットが解かれつつあります。今や定年の延長や定年後の再就職は当たり前。現役で活躍する「仕事寿命」が延びていますから、50代は「まだまだ働き盛り」という存在です。

50代への採用ニーズとしては、「若年層を次世代のマネジャーとして育成してほしい」「リスクマネジメントや対外折衝のノウハウを提供してほしい」「人脈を活かしてほしい」といったものが多数あります。地方の企業が次世代に事業承継する際には、「若い新社長を支える人材」を求めることもあり、大都市圏で経験を積んだ50代の方が、単身赴任や移住で幹部に収まるケースも増えています。

●「35歳の壁」はなぜ崩れたのか

さて、ここまでを踏まえ、冒頭に挙げた「35歳転職限界説」を検証してみましょう。

そもそもなぜ、35歳以上になると転職できないと思われていたのでしょうか？

一昔前は終身雇用が当たり前。人材流動が激しい一部の業界を除き、転職自体が珍しく、ネガティブに捉えられていた時代がありました。経験豊富な人材が流出しないため、ベテラン層の欠員補充を目的とする中途採用は限られていた背景もあります。

現在30代の皆さんはあまり記憶にないかもしれませんが、以前の求人広告には「年齢」の条件が記載されていたのです。


求人募集において年齢制限を設けることが禁止されたのは、雇用対策法が改正された2007年のこと。それ以前は、求人広告に年齢条件が記載され、その多くを占めていたのが「30歳まで」「35歳まで」という区切りのよい条件でした。


このことから、「35歳転職限界説」が定着したわけです。「転職」が当たり前になるにつれて、ベテラン層も積極的に組織を移るようになってきました。さらに、少子高齢化が進んだことで、中途採用の対象となる年齢層が全般的に底上げされて現在に至ります。

つまり、自分次第で、年齢というリミットは超えられます。

ただし、「30代はまだまだ若いのか。なら大丈夫!」という油断は禁物。企業は「年齢」と「経験」のバランスを見て判断しますから、若さだけで勝負できるわけではないのも事実です。繰り返しになりますが、35歳前後で、転職〝モテ期〟が到来するかどうかは、「コアスキル」と「マネジメント力」が身についているかどうかがポイントとなります。

「今の自分の年齢ならば、この経験レベルでいいんだろうか?」と、転職市場と照らし合わせながら、自分の「市場価値」を高める行動を起こしてみましょう。「転職市場価値」

をつかむためには、普段から経済ニュースにアンテナを張る、転職する予定がなくても求人サイトを閲覧してみる、あるいは転職エージェントに相談するなど、情報収集を続けることもお勧めします。

転職の女神からのメッセージ

何歳からでもチャンスはつかめる!

04

「1分野を極めよ」の罠、〝掛け算〟で「非連続キャリア」を意識

「人生100年時代が到来」「年金はあてにならない。70代まで働くことになるかも……」なんていうつぶやきが多く聞こえてきます。

終身雇用が崩れても「仕事寿命」は延びる。環境変化のスピードは加速する——。

私たちは、どのようにキャリアを築いていけばいいのでしょう。

これまで、「キャリアを築くなら専門分野で長く経験を積むべきだ」「資格取得はキャリアアップ・転職に有利」と言われてきました。

でも、それは本当でしょうか？　答えは半分イエス、半分ノーです。

● 〝掛け算〟のバリエーションを増やそう

「キャリア構築」と言うと、「何らかの専門分野で、長く経験・実績を積み重ねていけばいい」と考えてはいませんか？

率直に申し上げましょう。

その考え方は少し前の常識です。「要注意！」です。

これからの時代のキーワードは**「非連続キャリア」**です。

何らかの分野で「コアスキル」を持つことはとても重要。でも、1つの分野だけを極めていくよりも、コアスキルをベースとして、幅を広げていくことをお勧めします。

もちろん、1つの道を磨き上げていくことを否定はしませんし、結果的にそれが功を奏することも、もちろんあります。ただし、予期せぬ社会変化が起きた場合に対応できないかもしれない、というリスクがあるとも言えます。

転職市場では1社・1部署で10~20年勤務してきた人は警戒され、**転職・異動・転勤・出向などの「変化」を経験している人のほうが評価される傾向があります。ビジネス環境がめまぐるしく変化する昨今、企業は「変化に順応できる人」を求めている**からです。

それに、60~70代までと長く働くのであれば、〝掛け算〟のキャリア構築を目指すほうが、将来の選択肢は確実に広がります。

「A分野の経験だけで数十年」よりも、「A」をコアに「B」「C」「D」……と、経験分野を広げていく。いざ転職や異動、複業に臨む際に、Aの経験だけよりも、「A×B」「A×C」「A×D」と掛け合わせることができ、人材としての価値評価が高まります。「A×B×C×D×……」と掛け合わせが多くなるほど、あなたのスキルの希少価値は、高まっていき、その分、引き合いも増え、結果として報酬も上がるはずです。そして、仮に社会の変化などによって「A」の経験が通用しなくなったとしても、「B×C」「C×D」などを活かして生き抜いていけるでしょう。

●できるの〝掛け算〟を増やせば将来の選択肢が広がる

経験分野の掛け合わせでキャリア構築に成功したGさん（40代）を紹介しましょう。

Gさんは総合商社で海外子会社のマネジメントを経験後、財務部門に異動したのを機に、ファイナンスの知識をさらに深めようと金融業界に転職。そこで資金調達の知見を得て、スタートアップにCFO（最高財務責任者）として迎えられ、IPO（新規株式公開）を経験しました。

これからのGさんは、「商社」×「海外事業」×「子会社管理」×「ファイナンス」×「IPO準備（組織整備）」という経験を掛け合わせ、スタートアップ企業のCOO（最高執行責任者）や、大手企業での新規事業立ち上げや分社化の責任者、M&A（企業の合併・買収）後の子会社の経営職など、さまざまな選択肢から新たな仕事を選ぶことも可能でしょう。

できることの掛け算がどんどん増え、楽しみでなりません。Gさんは今いる場所から「染み出す」経験をキャリアに変えてきた結果、それが価値になったと言えます。

Gさんのように、昨今、伸び盛りのスタートアップ・ベンチャー企業の「CxO」（最高○○責任者）のポジションを任されるような方ほど、「非連続キャリア」を積んできたケースが多く見られることは、リミットレス時代の転職の特徴です。

●これまでとは異質の領域へ踏み出す

掛け合わせの要素（A・B・C……）は、「営業」「マーケティング」「経理」「○○の技術」といった「業務スキル」以外にもあります。

「○○業界経験」や、営業であればモノの営業からソリューション営業に、個人向けから法人向けに、対象とする法人規模（中小から大企業へ）や担当業種を変えるというのも掛け算の要素になります。マーケティングならば、デジタルマーケティング分野への展開やB2CからB2Bマーケティングへと、今の分野から染み出すキャリア展開も有効です。

そのほか、エリア（国内から海外までも）といった視点や「ポータブルスキル」も該当します。ぜひ、掛け合わせられる要素を増やしてください。

もちろん、必ずしも転職する必要はありませんよ。先ほど、1社で長く勤務してきた人は転職市場で警戒されると言いましたが、今の会社で、これまでとは異なる部署に異動希望を出す、あるいは経験したことがないプロジェクトに率先して参加する、といった行動を起こすのも有効です。さらには、関連会社やM&A後の子会社への出向経験など、幅広い業種や事業を展開する大企業であればあるほど、部署異動が転職のような体験になることもありますのでそこで非連続なキャリアを築くことも十分に可能です。

会社で認められていれば、副業・複業として新たな領域にチャレンジしてもいいでしょう。例えば、スタートアップ・ベンチャー企業、NPO（非営利組織）法人などで、自分のコアスキルを活かしつつ新しい経験を積むのもいいですね。最近では、企業と副業・複業希望者のマッチングサービスも登場しています。

「営業だけど、採用プロジェクトにも関わってみる」「エンジニアだけど、マーケティングの勉強をしてサービス企画に提言してみる」「ウェブスキルを活かして副業でスタートアップ企業を手伝いつつ、新規事業立ち上げのノウハウを学ぶ」といったように、別領域へ足を踏み出してみてはいかがでしょうか。

●「資格」はキャリアアップ・転職の武器になるか？

「いつかの転職に備えて、資格を取っておこう」。そう考える人も多いようです。学習に対する前向きな姿勢はすばらしいのですが、ハッキリ言ってしまいます。「労力と時間とコストのムダになる可能性大！」です。

転職市場においては、「実務経験」が何より重視されます（ただし、弁護士・公認会計士・司法書士など、資格がなければ業務ができない「業務独占資格」は別ですが）。中途採用では、高度な資格を保有している未経験者より、無資格の実務経験者が選ばれるケースがほとんど。20代なら、「資格＋ポテンシャル」で採用されるケースも多いのですが、30代以上となるとキビシイのが現実です。

もちろん、資格が無意味というわけではなく、実務経験を伴えば効力を発揮します。例えば、経理職の方が「簿記」や「税理士」、人事職の方が「社会保険労務士」「キャリアコンサルタント」などの資格を持つのは有効です。不動産業界なら「宅地建物取引士」「不動産鑑定士」、金融業界なら「ＦＰ（ファイナンシャル・プランナー）」「証券アナリスト」などの資格を持つことで仕事の幅が広がり、収入アップにもつながるでしょう。

一方、これまでの経験とまったく関連がないのに、「よく耳にする」「難易度がそれほど高くない」というだけの理由で資格取得に向かうのはお勧めできません。仮に取得できて履歴書に記したとしても、人事担当者にはこんなふうに思われてしまいます。

「この人はいったい何がしたいのか？　目的意識はあるのか？」

「仕事に関係がない資格を勉強するほどヒマだったのか？」

これでは、むしろマイナス印象を与えてしまいますよね。

しかも、専門資格の場合、法改正も頻繁にあり、学んだ知識がどんどん古くなっていきます。常に知識をアップデートしていないと、資格を持っていても使えません。つまり、「いつかの転職に活かす」という目的で頑張ったとしても、労力も時間もコストもムダに終わってしまう可能性がある、というわけです。

今の仕事に関係のない資格の勉強をするなら、その分のパワーと時間を「実務経験の質を高める」ことに振り向けてください。

「今の会社では新しい経験を積むチャンスがない」と悩んでいる方も大丈夫です。今の業務を見直して効率化する方法を考えて提案してみたり、「働き方改革」などの社内横断型プロジェクトに参加したり、といった経験を積めば、「人材」としての価値は自ずと高められるでしょう。

働き方改革で残業が抑制され、「会社にはいられない。でも時間ができたから何か勉強したい」ということでしたら、ビジネススクールやビジネスセミナーに通うのは有効だと思います。業務に関連する最新トレンドや、「ロジカルシンキング」「プレゼンテーション」といった汎用ビジネススキルを学びましょう。

こうした場では、他社の人と交流して普段出会うことのない人脈やネットワークを築くこともできます。異業種のやり方やノウハウを学んで自社に取り入れてみる、といったこともできます。有効に活用してみてはいかがでしょうか。

転職の女神からのメッセージ

今と少し異なる領域へ、一歩を踏み出して！

05 「ジョブ型雇用」時代に生き残るためのキャリア特性は3つある

このところ、企業の雇用・人材育成・組織づくりでは**「メンバーシップ型からジョブ型へ」**というフレーズをよく耳にします。

「メンバーシップ型」とは、基礎能力や人物的素養を評価して人を採用し、仕事を割り当てる、旧来の日本型雇用。「ジョブ型」とは、担当職務・報酬・勤務地などの労働条件を細かく定めた「ジョブディスクリプション（職務記述書）」に基づき、その職務を遂行できる人を採用するもの。欧米では主流となっている雇用方法です。

2019年、日本経済団体連合会（経団連）が「日本型雇用はこれからの時代に合わない」と表明。2020年に「全従業員対象にジョブ型の人事制度導入」を発表した日立製作所をはじめ、資生堂、富士通、KDDIなど、大手企業が「ジョブ型雇用」を打ち出していることから、にわかに注目を集めています。

では、ジョブ型への転換が進む雇用市場において、私たちはどのように意識を変え、備えておけばよいでしょうか。

●ジョブ型雇用が広がっても「欧米型」にはなりません

私の専門は「中途採用」「転職」ですので、その観点からお話ししましょう。

ジョブ型雇用への転換は「新卒一括採用」という日本の慣習を打ち破るものですが、中途採用においては、現在のあり方が大きく変わることはないと思います。

なぜなら中途採用とは、もともと「ジョブ型雇用」だからです。

「第二新卒」が対象である場合、新卒と同様にポテンシャル重視で総合職を中途で採用しますが、それを除けば、「このポジションでこのミッションを担ってほしい」という前提で募集・選考が行われます。

では、欧米で根づいているジョブ型雇用のように、このポジションで採用したものの、仮にそのポジションで成果を出せなかったり、ポジション自体が不要になったりした際には「解雇します」となるかというと、そんなことはないでしょう。そもそも日本には、正社員として採用した場合、簡単には解雇できないルールがありますから。

採用選考においても、日本企業は欧米ほどドライな判断をしません。その業務を遂行できるスキルさえあればよいというわけではなく、「カルチャーフィット」「人柄」を重視して総合的に判断します。そうした価値観は、今後も変わることはないでしょう。

それに、積極的に大人数の中途採用を行う「成長中のスタートアップ・ベンチャー企業」では、短期間で戦略が変わったり、新規事業が生まれたりするもの。1人ひとりの担当職務範囲について明確に枠を定めれば、柔軟性が損なわれ、スピーディに事業を展開していくことができません。

ですから、状況に応じて業務委託や副業（複業）者をスポット的に「ジョブ型雇用」することはあっても、正社員に導入するのは現実的とは言えません。

ちなみに、ある大手企業で、まさにジョブ型雇用と言える「業務委託スタッフ」の採用を拡大した際、その人事責任者は「すごく大変だった！」と話していました。

ジョブディスクリプションの作成にあたっては、どんな職務を担ってもらうのかを厳密に明記しなければならない。しかし現場の責任者は多忙で、作成している余裕がない。人事がヒアリングしてまとめるのにかなりの負担がかかる。さらには、「この業務の報酬はいくらが妥当なのか？」で一悶着……。

こうした話からも、ジョブ型雇用を日常的に運用することのハードルの高さを感じます。

●ジョブ型雇用に備えて意識したい3つのキャリア特性

ここまでお話ししてきたとおり、ジョブ型雇用の波は、中途採用や転職にただちに影響を及ぼすことはないでしょう。しかしながら、影響力が強い大手企業が方針を打ち出したことで、社会全体がこの流れに乗っていくことでしょう。

そんな時代に、私たちはどのようにキャリアを考え、構築していけばよいでしょうか。キーワードは、「希少性」「市場性」「再現性」――。この3つが揃うことが重要です。

●希少性――掛け合わせを増やして独自色を出す

大切なことは、「誰もができること」ではなく、自分にしかできない経験・スキルを持つということです。ただし、誰もが希少な経験を積めるわけではありませんね。

そこで、あなたの経験を「希少価値があるもの」にするためには、先ほどお伝えしたように、「掛け合わせ」を増やすことをもっと意識してください。

仮に、「A」という仕事の経験者が100人いる状態だとして、「A×Bの経験者」は30人、「A×B×Cの経験者」なら10人、「A×B×C×Dの経験者」となれば1人……というように、掛け合わせが増えるほど「希少人材」になれます。

「自分の専門はこれ」と決めつけて閉じるのではなく、新しい経験を積極的に積んでいくことが大切です。繰り返しで恐縮ですが、転職するだけでなく、社内異動や新規プロジェクトに率先して参加するだけでも、「掛け合わせ」の素材を増やしていくことができます。

もう1つの大事なポイントが「逆張り」です。

手前味噌ですが、私のキャリアはそれを体現しています。大学の専攻は外国語学部英語学科で、同期の友人たちの多くが航空会社のキャビンアテンダントを目指していました。私は、あえて逆張り戦略をとり、当時は不人気だった「営業職」での就職をターゲットにしました。今でも、女性×営業は全体の2割程度しかいません。ましてや10年継続するのはたったの1割程度。希少価値がある女性の営業職としての経験を積み上げたおかげで営業研修やセミナーの依頼が途切れることなく続いています。

● 市場性――世の中のニーズに敏感になる

いくら高度なスキルを磨き上げても、市場が求めていなければ、望むポジションは手に入れられません。つまり転職においても「世の中のニーズ」をつかむ必要があります。

例えば、現在では「DX（デジタルトランスフォーメーション）」の一環で「新規事業開発」や

「業務改善」などを推進するスキルを持つ人は引く手あまた。一方、AIやロボットの導入により、ニーズが消えていくスキルもあります。

例えば、「エクセルの達人」と呼ばれた人が、1カ月をかけて行っていたデータ集計が、AIにより数時間で終わるようになったことで、せっかくの達人技も不要となり、別部署に異動になったという事例も耳にします。

そんな時代に必要なスキルとは、何でしょう？

コロナ禍を経て私がますます必要性を痛感するのは「変化対応力」です。

チャールズ・ダーウィンの次のような言葉を聞いたことはありませんか。

最も強いものが生き延びるのではなく
最も賢いものが生き延びるのでもない
唯一生き残れるのは変化できるものである

変化にしなやかに対応できるレジリエンス（回復力）が社会（市場）から求められています。あなたも、常に世の中のトレンドにアンテナを張って、ニーズが高まりそうなスキルを身につけていくことを意識してみてください。

● 再現性――どこでも使えるがAIにはできない人に

「再現性」とは、これまで成果を上げてきた戦略・手法や、それによって身につけたスキルを別の場所でも同じように発揮できることです。言い方を変えれば、大事なのは、「今の会社で評価されている能力が、他社でも通用するか」ということですね。

特に、大手企業に長く勤務している方ほど、今のご自身の存在価値を見つめ直してみることをお勧めしています。管理職以上にもなると、仕事の中心が「社内ネットワークの活用」「社内の関連部門・関係者との調整」になっている方も多いのではないでしょうか。

せっかくの社内での調整能力は社外に一歩出れば、活かす場が減ってしまいます。実際にそれで転職に苦戦する方をたくさん見てきました。

昨今、従業員のスキルや経験を一元管理し、人材戦略に活用する「タレントマネジメント」の手法やツールが進化しています。新たなプロジェクトを立ち上げる際、AIが自動的に最適なメンバーを選んでチームを組成するといったシステムも登場しています。

大手企業が「ジョブ型雇用」を打ち出したからには、タレントマネジメントを効率化するツールがさらに進化し、従来の管理職層が担ってきた、特性を活かしたメンバー育成や配属といったマネジメントの役割を奪っていくことになるかもしれません。これまでの経験の「再現性」がどんどん失われていくというわけです。

以上の3つの観点を踏まえて、私からは、自己分析を続けることをお勧めしています。単に「どんな仕事をしてきたか」をまとめるだけでなく、「人より優れている強みは何なのか」「どのように貢献できるのか」をしっかり整理・言語化し、それが「ポータブルスキル」になり得るのかを考えましょう。

同時に「何がやりたいのか」「何を目指すのか」も明確にしておきたいものです。やりたいことを実現するために必要なスキルが今の会社で身につけられるのか、それができないなら、できる場所はどこにあるのか、常に意識しておいてください。

具体的な自己分析の方法については第3章で詳しくご説明します。

転職の女神からのメッセージ

「掛け合わせ」で、強いキャリアの構築を!

06

「ビジネス系フリーランス」という縛られない働き方と企業側のぶっちゃけニーズ

コロナ禍を経て、私たちの働く環境は大きく変化しました。これをきっかけにして、今後の人生、キャリアについてじっくり見つめ直している方も多いようです。

さて、あなたは今、どちらの心情に近いでしょうか？

「正社員として企業に勤務しているほうが、やはり安定感、安心感がある」

「会社の方針に人生を左右されたくない。組織に縛られず自己裁量で働きたい」

どちらかというと後者に共感を持つ人は、いずれ「フリーランスで働く」という選択肢を検討してみてもいいかもしれません。そこで、新しい働き方である**「ビジネス系フリーランス」**の仕事内容、ニーズ、働き方などの最新事情についてお話しします。

●転職の選択肢に「フリーランス」を加える人が増加中

私は数十年にわたって転職エージェントを務めていますが、ここ2~3年、「フリーランス」で働くことを視野に入れたご相談が増えてきました。例えば、「企業に正社員として転職するか、フリーランスになり『業務委託』で複数の取引先の仕事をするか、両方の選択肢を考えています。私にはどちらが向いているでしょうか」「いずれはフリーランスの立場で、時間・場所・取引先を自由に選んで働く生活がしたいんです。そのためにはこれからどんなキャリアを積んでいけばよいでしょうか」

このように、直近、あるいは将来の選択肢の1つとして、フリーランスになることを検討している方が多く見られます。

少し前までは、フリーランスで働く人と言えば、クリエイティブ職やITエンジニアなどが多いイメージでしたが、近年は、**営業・マーケティング・事業企画・広報PR・経理・財務・人事などの「ビジネス系フリーランス」が増えています。個人事業主（インディペンデント・コントラクター＝IC）という名称で活動している方々もいます。**

彼らは複数の企業と契約を結び、一定期間、専門スキル・知見を提供します。例えば、週3日はA社で、週2日はB社でプロジェクトを遂行、その合間の時間にC社からの相談を受けてアドバイスを行う……といったようにです。

報酬額は、多くの場合、プロジェクト単位で設定されます。例えば「プロジェクト遂行期間中、週1回程度の出社&随時リモート対応の契約で月額20万円」など。複数社のプロジェクトを掛け持ちすることで収入を上げることができるわけです。

●企業側でも「業務委託」の人材ニーズが高まっている

では、こうしたビジネス系フリーランスにはどのようなニーズがあるのでしょうか。

ここ数年の間に、企業のフリーランスの活用度が高まってきています。以前は正社員や契約社員しか採用していなかった企業でも、リミットレスへの変化を象徴するように「雇用形態は問わない。業務委託でもかまわない」とするケースが増えてきました。

企業側のフリーランスへのニーズとしては、次のようなものが挙げられます。背景にある根本的な課題をご紹介しましょう。

1 新たな取り組みを始める際、知見・スキルを借りたい

少子化に伴う国内市場の縮小、グローバル企業との競合、技術の進化などに対応するため、多くの企業が「変革」を迫られています。それはビジネスモデルの転換であったり、新たな収益源となる事業開発であったり、組織・人事の仕組みの見直しであったり。「今、変えなければ生き残れない」という危機感で新たな取り組みを行っています。

事業運営のDX、コスト削減のための効率化といった必要にも迫られることでしょう。企業にとって未知の領域に踏み出すため、既存社員には経験者がいません。既存社員に一から学ばせてチャレンジをさせるより、外部から知見を持つ人を迎えてリードしてもらったほうが、スピーディだし成功率が高い。とはいえ、外部の人材を正社員として迎えるとなると、採用には時間がかかるし、採用できるかどうかも分からない。

新規事業の場合は途中で立ち行かなくなって終了する可能性もあるため、正社員採用よりも業務委託のほうが雇用リスクも低く、コスト面で都合がいい、というわけです。加えて、自社の既成概念にとらわれない人を一時的に迎えて、新たな発想を取り入れたい、という考えもあります。

2 スポット的に発生する難度の高い業務を任せたい

成長途上のスタートアップ・ベンチャー企業には、ところどころで難度の高い業務が発生します。例えば、資金調達、上場申請に際してのショート・レビュー、就業規則の整備、人事制度の構築など。そうした経験を持つ人を採用するとなるとコストが高くつき、採用の難度も高くなります。

そのため、難度が高い部分でフリーランス人材の助けを借り、運用に入ったら既存社員で回したり、フルタイム社員を採用したり、といったケースも散見されます。いわば、CxOの派遣やレンタルといったところでしょうか。

3 営業職でも業務委託の活用が拡大

フリーランスは企画系・管理部門系の専門職のニーズが高いという印象を持たれたかもしれませんが、営業職もフリーランスで活躍するケースが増えています。ニーズは多様で、一例を挙げれば以下のようなパターンが見られます。

- 問い合わせや引き合いが急増しているが、商談のマンパワーが不足しているため、すぐにでも稼働できる営業パーソンを活用したい
- 起業から日が浅く、顧客がまだいない。1つでも導入成功事例ができれば横展開できるので、「1つ目の導入事例」の創出を目指し、ゼロから取引先を開拓してほしい

・大手エンタープライズを攻めたいが、リレーションがない。パイプを持った方にキーパーソンを紹介してもらいたい
・若手の営業人材を育成してほしい

特に、最近では売り上げのトップラインを伸ばさないと、資金調達もままならないケースもあります。人を育てる時間も余裕もないスタートアップでは、経験ある営業パーソンの業務委託のニーズが強まる傾向にあります。

● 人脈や営業力がなくても、顧客を獲得できるルートが拡大

フリーランスになるにあたり、大きな不安の1つは「顧客を獲得できるのか」ということではないでしょうか。「人脈や営業力がなければ仕事を受注できないのでは」と。しかし最近では、フリーランスと、フリーランスを活用したい企業のマッチングサービスも登場しています。昔に比べ、仕事を獲得するルートは増えていると言えるでしょう。

副業を解禁する企業も増えてきましたので、まずは副業としてスタートし、手応えを感じたら独立するのも1つの方法です。

今働いている企業に対し、仕事内容はそのままで「業務委託」に雇用形態を変更する交渉をする手もあります。健康機器メーカーのタニタでは、2017年より、社員が希望すれば個人事業主として会社と業務委託契約を結べる制度を導入しました。これを受け、他社でも「同じやり方を取り入れたい」という声が聞かれます。

勤務先で業務委託に移行すれば、これまでの収入水準を維持しつつ、ペースをつかめるようになったら他の企業との取引を増やしていくこともできるでしょう。

政府は数年前からフリーランスという働き方を後押しする施策を打ち出していますし、フリーランス協会（一般社団法人プロフェッショナル&パラレルキャリア・フリーランス協会）でもフリーランスの支援策を拡充しています。

「いつかはフリーランス」の可能性を視野に情報収集をしてみてはいかがでしょうか。

転職の女神からのメッセージ

「縛られない生き方」も選択できる時代です！

07

「好きなことだけで生きる」は可能か？

――「独立起業」とお金の関係

「好きなこと、やりたいことだけを仕事にして生きていきたい」

転職エージェントという立場でビジネスパーソンの皆さんとお話ししていると、そんな声をよくお聞きします。

おそらく、「やりたいことをする」を実行に移している人たちが世の中には大勢いることを、SNSで目にする機会が増えたからかもしれませんね。

大手企業の終身雇用が崩れ、働き方のリミットレス化が進んでいることもあり、20～30代の若手の皆さんからは「いつか起業したい（スタートアップの経営幹部になりたい）と思っていますが、そのためには今、どんな経験を積むべきでしょうか？」といったご相談を受けることもよくあります。

40代くらいの中堅クラスともなると、そのビジョンの実現が現実味を帯びてきます。

ある程度キャリアを積んで自信がつき、自分の強みの活かし方がイメージできた方は、「組織のしがらみから解放されて自由になりたい」「会社の論理に振り回されず、自分の価値観に忠実に仕事をしたい」という思いを強めるのです。

特に、コロナ禍で生活や働き方が一変したのを機に、これからのキャリアや生き方そのものを見つめ直し、新たなステージへの移行を検討している人が多く見られます。

●独立起業したのに、やりたいことができないのはなぜ？

そこで、次のキャリアの選択肢に挙がるのが**「独立起業」**です。先ほどのビジネス系フリーランスとして「業務委託」で働く、あるいは自分の会社を立ち上げる、などですね。

その時に、立ちはだかるのは「好きなことだけやって食べていけるのか」という問題。

実際、私のもとには「独立起業したもののうまくいかなかったので、もう一度企業で働きたい」といったご相談も寄せられます。

なぜ、うまくいかなかったのか。お話を伺っていると、原因としては大きく3つのパターンがあるようです。それは何かと言うと……。

1 「日銭稼ぎ」に追われ、本当にやりたい仕事ができない

会社を辞めたとたん「給与」が入らなくなるわけですから、つい「目先の収入」が欲しくなる。いわば「日銭を稼ぐ」ために、これまでの経験の切り売り的な仕事、やりたいわけではない仕事の依頼を引き受けてしまうのです。

例えば、新しい商品・サービスを立ち上げる構想を持って独立したのに、事業資金が潤沢ではないため、下請け仕事やコンサルタント的な仕事を「とりあえず」こなすように。結果、その業務に追われるはめになり、描いていた事業を実現させる目途がなかなか立たなくなってしまう。「やりたかったのはこんなことじゃない!」と、葛藤する人は少なくありません。

2 やりたいことを始めたけれど、マネタイズできない

これは事業プランを詰めないうちに独立した人にありがちなパターンです。「せっかく独立するのなら、やりたいことをやる!」と、人や社会の役に立つ事業を志したものの、事業プランに落とし込むなかでマネタイズが難しいことに気づくのです。

ここでも、てっとり早く収入になる仕事に手を出しがちになり、「何のために独立した

んだっけ？」状態に陥ってしまいます。

3 資金提供を受けるはずが、予定が狂った

独立して立ち上げる事業モデルに賛同してくれる人から資金面での支援を受けるはずだったのに、提供者側の経済事情が変わり、資金提供を受けられなくなった、というケースも見られます。

このほか、「共同創業者（出資者）と方向性にズレが生じた」などの理由もありますが、いずれも「お金」がネックとなるケースが多数。

「当面の生活費を稼がなくては」という焦りから、不本意な仕事でも請けてしまうような事態に陥らないようにしたいものです。

● 独立後、お金で右往左往しないためにすべきこと

独立して、ちゃんと「やりたいことをやる」ためには、起業前から起業時までにどう動けばいいのでしょうか。

私がお会いしてきた「うまくいっている起業家」のパターンを見ると、「安定した受注

先を確保したうえで起業する」のがポイントの1つと言えそうです。

起業してから顧客開拓を始めるのではなく、起業時点で、これまで在籍していた企業や、過去にお付き合いがあった取引先企業などとの交渉を済ませておき、手堅い受注先を確保しておくのです。副業でベースを築いておいてもいいでしょう。

また、古くからお付き合いのあるオーナー企業などと、「応援団」として資金面を援助していただけるような関係性を構築しておく手段もあります。そうすれば、起業後、新規取引先と一から関係を築くための時間やエネルギーを使わずに済みますし、「気乗りがしないし、条件でも不利なのに、依頼を断りにくい」といった事態を避けられます。

安心感・安定感を持って日銭を稼ぎながら、やりたいことにチャレンジしていく余裕を持つことができるわけです。

B2Bビジネスの場合、「数撃てば当たる」方式の顧客開拓ではなく、ネームバリューがある企業・1社との取引を開始することに集中してパワーを注ぎ、結果、早期に軌道に乗せられた例も多く見られます。

どんなにいい商品・サービスを開発したとしても、業歴が浅い会社はやはり警戒されがち。しかし、企業との取引実績がすでにあり、しかもそれが名のある企業であればあるほど、２社目・３社目の顧客獲得がスムーズになります。

もちろんサービス内容にもよりますが、やみくもに多数へのアプローチを繰り返すより、「影響力のある企業」に絞ってプレゼンの精度を高めるのも、運転資金に余裕ができるまでの時間の使い方として有効だと思います。

そして、これは「お金」の話からは外れますが、起業するのであれば「ブレない軸」を持ち、それを発信することが大切です。

たとえ、独立へ踏み出したきっかけが「自由になりたい」「裁量権を持ちたい」であったとしても、「誰に、どのように貢献したいのか」を明確に打ち出しましょう。

「ミッション・ビジョン・バリュー」といった起業の目的（パーパス）をしっかりと発信していけば、共感する人の目に留まり、協力を得られ、資金も集まりやすくなるはずです。

転職の女神からのメッセージ

起業を目指すなら「起業前の準備」が大切

08

「早期リタイア＝ＦＩＲＥ」に必要なお金とキャリア設計

「うちの部下が『ＦＩＲＥ《ファイア》したい』って言い出したんです……」

最近、マネジャークラスの皆さんからそんな声をお聞きすることがあります。

その言葉には、「嘆き」「もどかしさ」などのニュアンスが含まれています。

ＦＩＲＥとは「Financial Independence, Retire Early」の略。「経済的自立」と「早期リタイア」を意味しています。

従来の早期リタイアと言えば、ビジネスで成功を収めて資産を築く、あるいは遺産相続などでまとまった資産を得るなどして、定年より早く退職するパターンが中心でした。

それに対し「ＦＩＲＥ」は、「資産運用」による不労所得での生活を基本とします。

ただし完全なリタイアは望まず、「30代になったら自分がやりたい仕事だけ、好きな時間に、自分のペースでやりたい」……というビジョンを描いている人が多いようです。

マネジャーの皆さんが「若手のＦＩＲＥ願望」に対して嘆いたりもどかしさを感じたりするのには、「未来の絵空事を言う前に、今は自分のビジネススキルを磨くことに力を入れたほうがいいのでは」という思いがあるようです。

確かに私も転職相談者の方と面談していて、ＦＩＲＥ志向を持つ若手が増えていると感じています。もちろん、ＦＩＲＥを目指してしっかりとキャリアプランを立てている方もいるのですが、危うさを感じることがあるのも事実……。

そこで、ＦＩＲＥの実現性や準備しておくべきことなどをお話ししたいと思います。

● もう頑張りたくない？　なぜＦＩＲＥ願望が高まるのか

ＦＩＲＥ願望を持つのはミレニアル世代（１９８０年代前半から１９９０年代半ばまでに生まれ、２０００年以降に社会人になった人を指す）が多く、次のような声が上がっているようです。

「給料が全然上がらない。あくせく働くのがバカバカしくなってきた」

「コロナで生き方を考え直した。仕事がすべてじゃないな、と」

「とにかく疲れた」

こうした声からは「報われない虚しさ」が感じとれます。

一昔前の年功序列社会のように、会社に従って真面目にコツコツ頑張っていれば着実に給与が上がっていき、定年まで安定を保障される……という時代ではありません。

頑張っても給与に反映されなかったり、上司世代が40代で早期退職に追い込まれる姿を目の当たりにしたり。さらにコロナ禍では、自社の経営陣に「社員を守る」という意識がないことに気づき、失望した方も少なくありませんでした。

「もう頑張らない。もっと楽に生きられる道を探りたい」と思う気持ちもわかります。

そして、実際に「FIREができるかも」と思わせるような社会の変化もあります。

1つには「投資」が身近になり、気軽に始めやすくなったこと。以前はまとまった資金の準備や証券会社とのやりとりなどハードルが高かったものですが、最近は1万円程度の元手で、ネットでの手続きのみで始められます。

投資信託などの金融商品の種類も豊富で、少し勉強して金融リテラシーを高めて有望な銘柄を選ぶなどすれば、資産を増やせるという期待感が高まっています。

また、スタートアップ企業のIPOが活発な昨今、ストックオプションの恩恵で20代や30代でも若くしてまとまった資産を得る人も増えています。そんな人が身近にいると、「自分もできそう」という気になるのでしょう。

●ＦＩＲＥしたいと思ったらまずやるべきこと

ここからは、漠然としたＦＩＲＥ願望を持つ方に、ぜひやっていただきたいことをお伝えします。

まず、自分の人生にどれくらいのお金がかかるのかを把握すること。日々の生活にかかるお金、削りたくない趣味にかかるお金、住宅購入や子どもの教育費など、どの年代でどの程度の資金が必要か、30代、40代、50代、60代……と推移グラフを作成し、試算してみてください。

あなたが高齢期を迎える頃、平均寿命は確実に延びています。１００歳まで生きる人も、今よりさらに増えると予測されています。仮に50歳でリタイアした場合、１００歳まで生きたとしたら50年間。生活にいくら必要なのかをざっと試算してみましょう。覚悟している人も多いと思いますが、若い世代には年金がこれまでのように支給される可能性は低いと言えます。ずっと健康であれば自給自足の生活を送る方法もあるでしょうが、病気になれば働けず、治療費や入院費などもかかってきます。

リタイア後の生活費のすべてを、わずかな年金と資産運用だけでまかなえるのか。具体的な数字を出してみると、「早期のリタイアはできない」という結論に達する人が多いのではないでしょうか。

早くからさまざまな準備を始めることで、実現できる可能性も高まるでしょう。具体的なプランを練るためにも、まず「試算」を実行してみてください。

●自ら主体的にキャリアを築くことがFIREへの近道

FIRE後の生活を資産運用による不労所得だけに頼ることが難しいとなれば、やはり何らかの形で仕事を続けていく必要があります。

ちなみに、まったく働かずに生活していけるほどの資産を持っていても、やはり「仕事を続けたい」という人は多いのです。

実際、早期リタイアを実現しても、「必要とされている」ことを実感できなくて満たされず、何らかの形でビジネスに関わることにした、という人をたくさん見てきました。

「社会から必要とされている」と思える時間がまったくないと、やりがいや生きがいが失われてしまう。それが人間にとって一番怖いことではないかと、私は思います。ですから、資産運用がある程度成功したとしても、何らかの形で仕事を続けることを前提に人生設計することをお勧めします。

では、多くの皆さんが望む、「自分がやりたい仕事を、好きな時間に、自分のペースでやりたい」を実現するためにはどうすればいいのでしょうか。

まず、人材として成長することを、会社任せにしないでください、ということです。

終身雇用が当たり前だった時代、日本企業は、現場でのＯＪＴ（オン・ザ・ジョブ・トレーニング）や研修などの人材育成に投資していました。けれど近年、従業員の在籍期間は平均12年ほど。これでは投資回収ができないということで研修への投資は減っています。

世界各国との比較においても日本企業の人財育成投資額の低さは際立っています。そこで、育成に力を入れるより、「必要な能力を持つ人材を、必要な時に中途採用（一時雇用）する」という傾向が強くなっています。

学びの機会は自分自身でつくり、自律的にキャリアを築いていく必要があります。

ただし、先にも触れたとおり、「この資格を取っておけば一生安泰」「このスキルを身につければ食いっぱぐれがない」というものは、もはやありません。弁護士・会計士といった難関資格の職業でさえ、近い将来はＡＩに取って代わられるという予測もあります。専門知識やスキルの価値は、時代によって変わっていきます。

そこで、特定の専門性やスキルを磨くことだけに集中するよりも、「環境の変化に柔軟に対応し、都度学び直し（リスキリング）ができる」というマインドセットと行動力を備えておきましょう。

その時々で、目の前にある課題に対して最善を尽くし、予期せず環境や状況が変わったとしても抵抗せずに受け入れて、適応していく。そんなサイクルを繰り返していくことで、年を重ねても「エンプロイアビリティ（雇用される能力）」を保ち続けられます。

そして、常に選択肢を複数持てる状態にしておくことをお勧めします。

突然の環境変化でキャリアプランが崩れたとしても、代案となる「プランB」「プランC」に切り替えていけるようにするのです。そのためには、「副業」「兼業」も効果的です。常に自分の「市場価値」を意識し、価値の維持・向上を図っていくことで、皆さんがイメージする「ＦＩＲＥ」の生活に近づけるかもしれません。

転職の女神からのメッセージ

「市場価値」を高めておけば選択肢は広がる

09

急増する「社外取締役」と人材サーチに奔走する企業の本音

昨今、私たち転職エージェントには「社外取締役を紹介してほしい」という依頼が多く寄せられています。その背景にあるのは、2021年6月に実施されたコーポレートガバナンス・コードの改訂です。上場企業に対し「取締役会の3分の1以上を独立した社外取締役で構成する」ことが求められるようになったのです。

企業が社外取締役人材に求める条件として第1に挙げるのは、「経営視点」と「専門分野の知見・経験」です。近年、上場企業の統合報告書などでは「スキル・マトリックス」が開示されるようになっています。

スキル・マトリックスとは、取締役1人ひとりの専門分野の知見・スキルを一覧表にしたもの。事業内容問わず共通する項目としては「企業経営」「財務・会計」「監査」「コンプライアンス」「労務・人材開発」「ガバナンス」「サステナビリティ」など。事業内容によって「研究開発」「マーケティング」「グローバル」「DX」「M&A」など多様な項目がありますす。自社に必要な項目を挙げたうえで、スキル・マトリックスの項目の充足を目指し、現在の常勤取締役が持っていない専門分野に強みを持つ人を求めるのです。

専門性に加え、「経営の知識」も必要条件に挙げられます。ここまではどの企業にも共通しますが、こと「キャラクター」となると、重視するポイントや期待する役割は企業によって大きく異なります。例えば、ある企業の声をご紹介しましょう。

「場の空気を読める人がいいです。自分の役割をあまりに強く押し出し、取締役会の円滑な運営を阻むような人だと困るんです」（A社の人事担当者）

この要望を別の言葉で表現するなら、「忖度《そんたく》ができる人」ということでしょう。

他の取締役に比べて経営の知識・経験が乏しい人は、存在感を示そうとして、自身の専門分野の観点から些末なことを延々と述べる傾向があるのだそうです。これをされると議論が進まなくなってしまうのだとか。

特に、「承認を得たい稟議《りんぎ》」において、特段問題にするような決議事項ではない事案に関して、反対意見を主張されることも避けたいと考えられています。取締役会の議事録をもとに、株主から「反対意見も出ていたのに、なぜ承認・実行したのか」と詰められるなど、後々面倒が生じることもあるからです。

このように、萎縮することも前に出すぎることもなく、柔軟な対応ができることを期待し、「場の空気を読める人」を望むというわけです。知られざる社外取締役人材へのニーズと言ったところでしょうか。

●想像するほど気楽じゃない社外取締役に必要な心得

私自身も、複数の上場企業で社外取締役を務めています。その実体験を踏まえ、これから社外取締役ポジションを目指す皆さんが意識しておくべきポイントをお伝えします。

私のもとには、「社外取締役をやってみたい」というご相談も多く寄せられます。ただ、実態を理解できておらず、甘く考えている方も見受けられるのです。「月1回の取締役会に出席して、自分の専門分野の観点で意見を述べればいいんですよね」などと……。

しかし、そんな気楽なものではありません。私が実感したこととして言えるのは、

「経営数値が分からないと、本当にキツい！」

経営数値に対する意見を求められるため、知識がないと何も言えません。私も師匠について、決算書が読めるように勉強しました。

また、その業界の経験がなくても、「どのように収益を上げているか」というビジネス

モデルを理解していないと、適切な発言ができません。M&Aなど企業経営を左右するような事案の決議にも参加し、賛成・反対の1票を投じるわけですから、責任重大です。その票を投じる根拠を理論的に語れなければなりません。

株主総会などでは、社外取締役が名指しで質問を受け、説明を求められることもあります。

あなたが社外取締役のオファーを受ける機会があれば、「なぜ、私なのか」が明確かどうかを確認することをお勧めしたいと思います。

私が社外取締役を務める某企業では、就任後初の株主総会で、株主から「なぜ森本さんを選任したのですか？」という質問が投げかけられました。社長の回答に対し、さらに掘り下げる質問が続き、聞いている私はドキドキしたものです。

自分が選ばれた理由に明確なストーリーがなければ、就任しても自身がどんな役割を果たせばいいのか迷ってしまうでしょう。就任した際には、その企業の「流儀・作法」を理解して対応する必要もあります。

例えば、社外取締役に就任した私の友人女性のエピソードを1つご紹介しましょう。

彼女は株主総会に出席する際、普段どおり、スニーカーを履いていきました。

すると企業の運営担当者から「次回からは、できればヒールやパンプスで来ていただけませんか?」と言われたそうです。彼女は、TPOに沿ったコーディネートを求められていることを悟り、「見た目も重要なんだと気づいた」と話していました。

業種・業態によってはスニーカーでも問題ない企業もあるかもしれませんが、社風や株主の層などを踏まえた流儀・作法を見極めることも重要というわけです。

●「女性限定」の社外取締役求人が急増

企業が社外取締役人材を探すにあたり、ここまでお話しした要素以上に重視される条件があります。それは「女性であること」です。

女性活躍推進法やSDGsの5番目の目標「ジェンダー平等を実現しよう」を背景に、日本企業にとって「女性役員比率の向上」は、喫緊の課題となっています。そのため、私たち転職エージェントに寄せられる社外取締役人材の紹介依頼も、「女性限定」という条件が付くケースが多くを占めています。

社外取締役の責務についてシビアなお話もしましたが、経営志向を持つ女性にとってはキャリアの幅を広げる絶好のチャンスと言えるでしょう。

何しろ、非常に学びが多い。ミッション・ビジョン・バリューにしてもKPI(重要業績評価指標）設定にしても、自社と異なる経営スタイルや、組織風土・文化を体験することで、自社では気づけない新たな視点や視座を得ることができます。

特に未上場の企業での社外取締役となると、単に取締役会へ出席するだけなく「経営へのコミット」という点で貢献を求められ、その分、より深い関与を期待されます。視座が上がり、経営のセンスも磨かれるでしょう。

我こそはという人はチャレンジしてみてください。

転職の女神からのメッセージ

経営志向があるなら、思い切ってチャレンジを！

10

「疲れた40代、サバティカルで1年充電」

――「休暇後の姿」を描けるか

「1年間の休暇を取っても大丈夫でしょうか……」

40代の女性から、そんな相談を受けたことがあります。彼女は知人から「1年間の**サバティカル休暇**を取ってすごくよかった」という話を聞いたそうです。**「サバティカル」休暇とは、所定の在職期間に達した従業員を対象に一定期間の休暇を与える制度のことで、期間は1カ月以上1年未満が一般的です。**

彼女が言うには、「社会人になって以来ずっと全速力で走り続けてきて、心身ともに疲れ果ててしまった。1年ほど休んで充電したい。今の会社に休暇申請を出してみて、受け入れられないなら退職も考えている」とのこと。しかし、一般的には半年以上ブランクが空くと転職活動で苦戦するケースが多いことを知り、「1年も休んでしまうと完全にアウトなのか」と悩んでいたのです。

このような思いを抱く方は少なくないと思います。長い間走り続けてこられた方には、個人的には「ゆっくり休んでいただきたい！」という気持ちもあります。しかしながら、「離職して長期休暇」を実行したことにより後悔したというビジネスパーソンも多数見てきましたので、やはり少し厳しい現実をお伝えせざるを得ません。

1年間休むにしても、アップデートを続けて自身の価値をしっかり保てるようにしておく努力が欠かせない、今はそういう時代です。

企業の採用担当者の立場に立って、その気持ちを想像してみてください。

「1年休んで、元のペースに戻すのにどれだけ時間がかかるのだろう」と不安を抱かれることは容易に想像できるのではないでしょうか。現職を続けながら応募してきている人と面接で比較されるわけですから、見る目はかなり厳しくなります。

●大切なのは「休暇中にどう過ごすか」「休暇後にどう変わっているか」

サバティカル休暇とは、もともと教育機関などで、一定の勤続年数を経た教授に対して与えられる「研究目的の休暇」を意味するようです。現在は一般企業の休暇制度としても導入されていますが、その言葉の由来どおり、何らかの「成果」「成長」を期待される休暇と解釈できるでしょう。

ですから、仮に1年間の休暇を取ったとして「何か明確な目的・目標を持ち、1年にわたって取り組むことができるかどうか」がポイントとなります。

その行動によって自身をアップデートし、企業から求められる価値を獲得できるのであれば、「サバティカルの1年休暇」を実行に移してもよいかと思います。

ある方（30代後半）は政府系機関に勤務していたのですが、5年に1度くらいのペースで数カ月のサバティカル休暇を取っていました。これもリミットレスの時代ならではですね。そして日本国内から発展途上国までさまざまな国・地域を旅行し、それぞれの「地域課題」をキャッチアップしたそうです。

その結果、「地方創生」をご自身のテーマとし、リゾート開発・運営企業に転職されました。自身のライフワークとそれに必要な情報・知識を得たという点で、その方の「数カ月休暇」はとても有意義なものであったと思います。

●まずは数週間から1カ月スパンの休暇を経験してみる手も

1年もの休暇取得はやはりリスクが伴いますので、慎重に考える必要があります。休暇に入った後のあなた自身をイメージしてみてください。

私が想像するに、お休みに入ってしばらくすると「飽きる」「物足りなくなる」という方も多いのではないでしょうか。

ずっと走り続けてこられた方は、疲れて「休みたい！」と思っても、しばらく休んだらまた走り出したくなるものです。休み続けていても、満足できない方が多いようです。

私自身もそうです。どんなに疲れても、3日も休めば「もう十分」と、また仕事をしたくなってしまいます。旅行も、忙しい合間を縫って出かけるから楽しいのであって、「いつでも自由に行ける」となると、それほどワクワクしないような気がするのです。

さらに1年も休暇を取るとなると、2～3カ月後にはビジネス社会との断絶感を抱き、不安になるかもしれません。

そこで、私からのご提案です。

とりあえず「1カ月」、会社と交渉して休暇をもらってはいかがでしょうか。「2週間」でもいいかもしれません。

まずは身体と脳と心を休めたうえで、ご自身の状態を見つめてみてください。

1カ月後、「もっと休んでいたい」なのか、「そろそろ働きたい」なのか、「仕事とは別に新しいチャレンジをしてみたい」なのか……。

それによって、予定どおり仕事に復帰するもよし、会社に休暇延長を申請するもよし。今はどの企業も人材不足に悩み、新規採用が困難な状況です。「辞められるよりは休んでもらうほうがいい」と、受け入れられる可能性はあると思います。休暇延長を拒否された場合は、思い切って退職し、ご自身のスキルを維持・アップデートする努力もしたうえで再就職を図ってもいいでしょう。

また、発想を転換して長期休暇以外の方法で自分を休ませる方法もあると思います。とにかく忙しすぎて、追い詰められているような状況の方は、会社と相談して、まずは勤務ペースを少し落としてみてもいいのではないでしょうか。

例えば、「時短勤務」「週休3日」など、使えそうな制度があるかどうかを確認し、積極的に活用して充電を図ってみましょう。

転職の女神からのメッセージ

自分が本当に求めているものを見つめ直して！

11 「スタートアップ転職」で覚悟すべきエグジットの可能性とその後

近年、東大生の就職先の上位に起業が入ってくるほど、新しい働き方として羨望を集めているのがスタートアップへの参画です。**スピード感、成長性、フラットで自由な雰囲気。それらを求めて「スタートアップ」への転職を希望する方が多数でてきています。**リミットレス転職の時代ならではの動きです。

スタートアップは、ＩＰＯによって多額の利益（キャピタルゲイン）を得られるストックオプションに魅力を感じる方も少なくありません。

しかし、**「スタートアップ転職」**を目指す人はＩＰＯを目指していたはずが思いがけない方向へ進む可能性もあるという現実を覚悟しておく必要があります。

起業家がスタートアップを立ち上げる際には、成長した先の「ＥＸＩＴ（エグジット）」を視野に入れています。つまり、「出口戦略」です。

スタートアップのエグジットには大きく2つの種類があります。

① ＩＰＯ（株式公開）

② Ｍ＆Ａ（事業売却）

求人広告などでは「ＩＰＯを目指す」「ＩＰＯを予定」といったフレーズを見かけますよね。募集職種そのものが「ＩＰＯ準備要員」であったりもします。

多くのスタートアップはＩＰＯを目指しますし、転職する方もＩＰＯを目標に会社の成長に貢献することをモチベーションとしていたりします。

ところが、ＩＰＯではなく、「Ｍ＆Ａ」に行き着くスタートアップもあります。これは、メンバーからマネジャークラスまでの社員にとっては「青天の霹靂」「寝耳に水」となることが多いものです。

そこで「Ｍ＆Ａ」というエグジットについて、スタートアップへの転職を検討している皆さんに知っておいていただきたいことについてお話しします。

●「事業売却」の決断に至る事情はさまざま

エグジットが「Ｍ＆Ａで売却」となる場合、企業によって事情が異なります。

まず100％ポジティブにM＆Aを選択するケースは少ないと言えるでしょう。実際には、IPOを目指していたけれど資金調達がうまくいかず、他社に売却するケースが多く見られます。

資金調達に奔走するなかで、大手企業などから「数％の出資では意味がない。100％なら出資する」と提案され、受け入れる……といった形です。創業者自身が「自分の力ではこれ以上成長させられない」と限界を感じ、事業をさらに大きく育ててくれる会社に委ねるケースもあります。

これらのケースは「全体最適」を見極め、会社と社員たちの未来を考えたうえでの決断ですので、ある意味ポジティブとも言えるでしょう。

一方、起業の初期段階から積極的に売却を計画している起業家もいます。ある社長は「森本さんだから話すけどさ」と、社員たちには打ち明けていない本音を語ってくれました。「自分はもともと飽きっぽいし、いろんなことをやりたい。今の事業を軌道に乗せたら売却して新しいことにチャレンジしたいんだよね」と。

そんな考えがあることを社員たちに公言している社長も中にはいますが、非常にレアです。多くの場合、本音を語りません。

アメリカなどでは、事業売却は会社を成長させるための適切な戦略の1つとして捉えられることも多いのですが、日本では「起業家精神に反する」「社員への裏切り」「自分だけ大儲けしている」などと見られてしまうことを懸念し、考えはあっても内に秘めておく起業家が多数です。

ですから、スタートアップに応募して、面接で「いずれ売却する考えはありますか？」と聞いたところで、率直に答えてもらえることはまずないでしょう。

これら以外には「ファンドによるエグジット」というパターンもあります。これは投資ファンドがスタートアップの株主になっているケースであり、ファンドが投資資金回収のためにエグジットを実行します。エグジットの形はIPOであったり売却であったりと、ケース・バイ・ケースです。

このケースでは、転職する時点でファンドが入っていることが分かっているため、覚悟はしやすいと言えるでしょう。

●事業売却による社員のメリット・デメリット

このような事情から、スタートアップの社員は予期せず「M&Aで売却」に直面することもあります。しかし、必ずしも落胆する必要はありません。買収されたとはいえ、これまでと変わらないことも多いのです。

ロックアップ期間（M&A後、旧経営陣を企業に残留させる期間のこと）に限らず、社長が交代することなく、戦略や方針は基本的に任され、働き方やカルチャーがそのまま継続されることもあります。そして、潤沢な資金を得ることで、以前より経営は安定します。

買収した企業によっては、メリットがもたらされることもあります。例えば、

・より経営能力に長けた人がトップとなり、活性化する
・資金力がある企業に買収され、新たなチャレンジに投資が可能
・優れた人事制度や福利厚生などが導入される
・親会社への出向や転籍などにより、キャリアの幅が広がる

もちろん、この逆もあり得ます。自由度が失われ、働き方やカルチャーが変わったり、送り込まれてくる新たな経営者が、組織に混乱を招くことも。

これまで高い給与を出していたために資金繰りが厳しくなってしまったスタートアップなどでは、報酬体系が是正され、給与ダウンとなるケースもあります。

大手企業の子会社となった場合は、新たな取り組みをする際に稟議に時間がかかり、スタートアップの魅力である「スピード感」が失われることもあるでしょう。「IPO」の道もひとまずなくなります。「子会社IPO」もなくはないものの、当面のIPOはないため、ストックオプションは無効となる可能性が高いでしょう。

加えて、メンバーからマネジャークラスまではそのまま在籍できても、経営ボードメンバーは買収企業側の意向によっては解任される可能性があります。解任されないまでも、自身の役割が変わってモチベーションを失い、転職するケースも見られます。

あるテック企業は、特定領域でシェア4位程度に位置し、IPOを目指していましたが、資金調達に苦戦し、別のテック企業に売却することになりました。その時、CxOのポジションにいた2人の経営陣が、「IPOを目指さないならとどまる意味はない」と退職。1人は「IPO準備経験」を評価されて別の会社に経営ボードとして転職。もう1人は「これも運命」と、以前から考えていた起業を果たされました。

どのような企業に買収されたかにより、その後の展開は大きく異なってきます。まずは買収したのがどのような企業なのかを調べ、今後、自社にどのように関わってくるのかを確認しましょう。そのうえで、会社にとどまるか、転職するか、自身にとって最適な方向性を検討してください。

なお、明らかにデメリットが多く、多くの社員が退職を選ぶことが予想される場合、転職活動をするなら、なるべく早めに行動を起こすことをお勧めします。

同じ会社から同様の経験・スキルを持つ人が大量に転職マーケットに出てくると、市場価値が下がり、選考においてのライバルが増えるからです。

とはいえ、見切りをつけるのが早すぎると、後から社員にとってメリットとなる方針が発表されて「そんなことなら辞めなきゃよかった」ということにもなりがちです。くれぐれもタイミングには注意してください。

転職の女神からのメッセージ

メリットと同時にデメリットも想定しておこう!

12 「サー活＝サードプレイス活動」にはメリットがたくさん

私は日頃からビジネスパーソンの皆さんに向け、「会社」と「家庭」の往復にとどまらず、「サードプレイス（第3の居場所）」を持つことをお勧めしています。

ここからお話しする**サードプレイスとは、行きつけの居酒屋やカフェといったものではなく、「自身の価値を発揮できる場所」です。例えば、「勉強会」「ワークショップ」「NPOなどでのボランティア活動」「趣味のサークル活動」「地域のコミュニティでの活動」「副業」など**をイメージしてください。

● 人から感謝され、自分の「存在価値」を実感できる

私がお会いしてきた転職希望者の方々の中には、「今の会社で評価されていない」「今の

会社には自分の居場所がない」と、自信喪失状態の方もいらっしゃいます。このような時は、転職が「逃げ」の手段になってしまっていることも。

しかし、それらは本人の思い込みであり、自分の存在価値を見失っているのは一時的なことにすぎないケースも多いものです。

例えば、異動によってこれまでの経験・スキルが活かせなくなったり、初めての業務になじめず成果を上げられなかったり……。けれど、取り組み方次第でいくらでも挽回できるはずですし、そういうときは安易に転職するべきではありません。

そんな状況では、推し活ならぬ、**「サー活＝サードプレイス活動」**がリフレッシュの場になり得ます。会社がつらいとき、家との往復だけでは思い詰めてしまいがち。しかし、どこかによりどころとなる「サードプレイス」があれば、気分転換ができるでしょう。

気分転換だけなら、飲みに行ったり遊びに出かけたりすればよいわけですが、サードプレイス活動では自身の知識やスキルを提供して、仲間の役に立つことを意識してみてください。勤務先企業では誰もが当たり前に持っているスキルでも、場所が変われば「自分にしかできないこと」になることもあります。例えば、司会やファシリテーション、活動費の会計や予算管理、文書作成、対外折衝、動画編集など。自分の専門知識やスキルを活用して、運営に必要な業務を買って出るのです。

それによって褒められたり、「助かった」と感謝されれば、充実感や自信を得られるでしょう。サードプレイス活動で「自分は必要とされている」「存在価値がある」と感じられれば、ポジティブになり、本業の苦労に立ち向かうエネルギーになるはずです。

私自身は、会社員時代からNPO法人の理事を務めるほか、複数の会社に「顧問」「アドバイザー」、時には「社外取締役」などとして関わってきました（今も約10数社の名刺を持っています）。だからこそ、サードプレイスを持つ価値を実感しています。

年齢を重ねた方々が、スタートアップなどの「顧問」を務めるケースも近年増えています。彼・彼女らは、報酬を目的とするのではなく、自身のキャリアの集大成を若い世代に伝え、成長の支援をしたいと望んでいます。キャリアを突き詰めた方々にとっても、サードプレイスの存在は生きがいになり得ると言えるでしょう。

● サードプレイスでの経験がキャリアに活きる

サードプレイスでの経験が、キャリア構築や転職に役立つこともあります。

ある方は、大規模マンションの自治会で理事を務めていました。年代も職業も家族構成も多様な数百世帯のコミュニティで、交流活動やイベントなどを企画・運営していたのです。その方はマネジメント職未経験でしたが、転職活動時の面接で理事活動のエピソードを話したところ「考え方や価値観が異なる人々をとりまとめるマネジメント力がある」と期待され、経営企画部門での横断プロジェクトの責任者として採用されました。

またある方は、会社員として働きながら学生スポーツのコーチを務め、弱小だったチームを勝てるチームに育てました。その方も転職活動を行った際、コーチとして個々の部員の強みを引き出し、チーム力を強化した手腕が企業から評価され、マネジャーポジションでの転職に成功したのです。

サードプレイスは、本業ではできない経験を積み、能力を磨ける場。ぜひ積極的に活用していただきたいと思います。そして、サードプレイスを持つために有効な手段が「副業」です。次の項で詳しくお話しします。

転職の女神からのメッセージ

自分が輝くステージが社外で見つかるかも!?

13 拡大する「副業3・0」
——IPO準備、ふるさと副業、社外の機会を活かした選択

近年、私がお会いするビジネスパーソンの多くが、何かしらの副業をしています。大手企業を中心に「働き方改革」で残業時間が規制され、増えた余暇の時間を副業に充てていると伺うたびに、リミットレスな働き方が加速していることを実感します。

また、リモートワークで通勤時間を削減できたり、フレックスタイム制が導入されたりして時間の使い方への柔軟性が高まっていることも、副業拡大の一因と言えるでしょう。「仕事関連の人たちとの飲み会に参加するよりも副業」。そんなスタンスの人が若手を中心に増えていると感じます。特に20~30代の方々は、同世代の友人・知人がスタートアップの立ち上げに携わっている姿をSNSで見ています。

副収入を得ることを目的とした「副業1・0」から、本業に活かせるスキルを磨こうとする「副業2・0」へ変化。さらに、**自分がやりたいことを実現するための「副業3・**

0」のステージへ進化しています。

自分の会社ではできない経験を積める

リミットレスな働き方として、副業をどのように活用すればいいのでしょうか。

一例として、転職を考えている方からよく聞く声を挙げてみましょう。

「今の会社で、営業として実績を上げています。自分としては事業企画のキャリアを築いていきたいんですが、会社からは営業マネジャーになることを望まれているので、企画部門への異動は認められません。企画職に転職したいです」

この場合、企画業務未経験で企画職として転職するのはかなりハードルが高いと言えます。けれど、副業を活用することで、「企画経験者」になれる可能性はあります。

例えば、スタートアップなどに営業のスキル・ノウハウを提供して働くと同時に、企画業務にも携わり、企画の経験を積む。他にも、NPOなどでプロボノとして積極的にいろんな業務に関わる。スタートアップや非営利組織であればそもそも人的リソースが不足しているため、マルチタスクで動いてくれる人は大歓迎です。

それが転職時の武器となって、企画職のキャリアへの道が拓けることもあります。

このように、自分のスキルを活かせる業務にコミットして成果を上げつつ、染み出すミッションにもチャレンジしていくことはキャリア開発で堅実な選択肢とも言えます。新しいスキルを身につけられるような副業先が選べれば、キャリアの幅も広げていけます。

副業先にお伝えしたように今の会社で「マネジメント」職に就いたことがなくても、副業先でアルバイトや若手メンバーの指導・育成などを担ったり、小さなプロジェクトをリードしたりすれば、「リーダー経験」を職務経歴書に追加することができ、マネジメントへの可能性が高まります。

さらに、業種が異なれば発想も異なります。異業種での副業でキャッチアップした考え方やノウハウを本業の会社に取り入れることで、成果や評価アップにつながるかもしれません。これまで接点がなかったような人々と交流し、人脈を広げるのも、今後のキャリアや人生のプラスになるのではないでしょうか。

●副業なら、転職前に自分にフィットするかを〝お試し〟できる

大手企業に勤務する方々からは、こんな声も多く聞かれます。

「大手企業の看板なしに、自分自身の力でどれくらいやれるのか試してみたい」

「新しいチャレンジができて、スピード感のあるスタートアップ企業で働いてみたい」ところが、安定感のある大手企業を辞めることにリスクを感じ、一歩を踏み出せない方が多いのが現実です。大手→スタートアップに限らず、どんな転職にもリスクはつきもの。「後悔したくない」という思いは当然誰にでもあります。

そんな時、転職前に〝お試し〟できるのが、副業です。車を買う前に試乗して操作性や居住性を確かめるのと同様に、興味がある会社で少し働いてみることで、仕事の進め方や風土などを体感し、自分にフィットするかどうかを確かめられるわけです。

実際、企業に勤務しながらスタートアップ企業に副業で携わり、「自分に合う」と確信して転職に踏み切るケースは最近増えています。逆に、副業として別の会社で働いてみた結果、自分の会社の魅力を再認識できることも。「隣の芝生は青く見えていたけれど、うちの会社って実はいいところもいっぱいある。自分は恵まれているんだな」と、以前より自社の仕事に意欲的に取り組めるようになるケースもあるはずです。

●スキルアップ・キャリア構築につながる副業を選択する

副業をしている方々のなかでも、「スキルアップ」や「キャリアの可能性の拡大」につながる副業を選んでいる事例をご紹介しましょう。

●〈本業〉経営企画→〈副業〉営業

コンサルティング会社や企業の経営企画室などで経験を積んできたHさん（30代半ば）。クライアントの課題分析・解決策の提案や、自社の経営企画策定を手がけてきましたが、「自分には人との心の距離を縮めるコミュニケーション力や交渉力が不足している」と感じていたそうです。そこで、経営課題解決の経験が活かせて、かつ「営業」の経験を積める会社を副業先に選びました。

●〈本業〉大手企業の経営企画→〈副業〉スタートアップの経営企画

Iさん（40代前半）は大手企業で経営企画を務め、新規事業立ち上げのサポートも経験した方です。副業として選んだのは、IPOを目指すスタートアップの経営企画のサポートです。経営企画の経験を活かして事業計画書作成を手がける一方、新たに「ベンチャーキャピタルとのお付き合い」「資金調達の支援」といった経験を獲得されました。

●〈本業〉人事（労務・制度企画）→〈副業〉人事（制度企画・採用）

人事職として主に労務・人事制度企画を担当してきたJさん（30代前半）は、「採用」も手がけてみたいと考えていました。しかし組織規模が大きかったため、担当が細分化されており、自社内で採用業務に携わるチャンスがありませんでした。そこで規模が小さなスタートアップ企業で、副業として人事を担当。経験を活かして評価制度を構築すると同時に、採用業務も担い、人事としての経験の幅を広げたのです。

●〈本業〉管理部門マネジャー→〈副業〉レンタルCFO

公認会計士資格を持つKさん（40代前半）は、金融機関勤務を経て、IPO目前のスタートアップに転職。その会社にはすでにCFOがいて、Kさんは管理部門マネジャーのポジションを任されました。IPO後もCFOは続投し、Kさんのポジションも変わらず。いつか社長のパートナーとしてより経営に近い立ち位置で働きたいと考えていましたが、現CFOが退任しない限り、その機会は巡ってきません。とはいえ、いきなりCFOとして他社に転職するには不安やリスクを感じました。そこで、「レンタルCFO」として別のスタートアップで副業し、CFOとしての経験を積んでいます。

●リモートワークで「ふるさと副業」のチャンスも拡大

コロナ禍の間にリモートワーク環境の整備が進んだことで、首都圏のビジネスパーソンが地方企業で副業する「ふるさと副業」も増加しています。Lさんの事例をご紹介します。

●〈本業〉IT企業の経営企画→〈副業〉地方の農業法人のIT経営

Lさん（40代半ば）は東京のIT企業の経営企画職。出身は近畿地方で、日頃から「故郷へのUターンは難しいが、地元に何らかの恩返しをしたい」と考えていました。そこで、実家の農家と近隣農家を統合させて農業法人とし、「第1次産業の変革」に向けて、DX推進・IT化などに取り組んでいます。数カ月に一度は地元に帰り、ご自身も農作業をするのだそうです。こうした経験が、将来の選択肢の拡大につながりそうです。

「故郷とのつながりを持ち続けたい」「故郷の振興に役立ちたい」と考える方もいるでしょう。地方自治体では、過疎化対策・地方創生策として、まず「関係人口」を増やすことを目指しています。その有効手段の1つとして「ふるさと副業」に注目し、人材サービス会社などと連携し、地方企業の副業人材活用を支援しています。

本業とのバランス調整が重要

副業はメリットばかりではありません。注意すべき点もあります。

まず、勤務する会社の就業規則やルールに従って行うべきであること、情報管理をしっかり行い、守秘義務を守ること、副業で本業の生産性を落とさないことなどです。

複数の仕事を抱えることで、時間的にも精神的にも余裕がなくなり、メンタルに支障をきたす人も。自分のキャパシティを把握するなど、セルフコントロールが大切です。

最近は、副業をしたい人と企業のマッチングサービスなども登場しています。自分の志向にフィットし、最大限の効果につながる副業先を探してみてはいかがでしょうか。

転職の女神からのメッセージ

リスクを抑えて挑戦するなら「副業」の活用を

14

「ブルシット・ジョブ」――私の仕事って無意味かもしれないと思ったら

みなさん、ご自身のお仕事に意義や価値を感じることができているでしょうか？
こんな言葉があります。

「ブルシット・ジョブ」＝「クソどうでもいい仕事」

これは文化人類学者のデヴィッド・グレーバー氏が、著書『ブルシット・ジョブ――クソどうでもいい仕事の理論』（岩波書店）で提唱している概念です。
ブルシット・ジョブとは、次のように定義されています。

「被雇用者本人でさえ、その存在を正当化しがたいほど、完璧に無意味で、不必要で、有害でもある有償の雇用の形態である。とはいえ、その雇用条件の一環として、本人は、そうではないと取り繕わなければならないように感じている」

グレーバー氏は、ブルシット・ジョブの例として、「会社の受付カウンターにキャンディを補充する仕事」「誰にも見られることのない書類を黙々と作成する事務」「誰かに偉そうな気分を味わわせるためだけに存在している仕事」などを挙げています。

さて、今回、「ブルシット・ジョブ」という言葉を取り上げたのは、ある女性・Mさんからこんな嘆きの声を聞いたからです。

「私の仕事って『ブルシット・ジョブ』なんだと気づいてしまった……」

Mさんは化粧品メーカーに勤務するマーケティング職。マイナーブランドのマーケティングを担当していますが、会社から「今期は売り上げを倍増させるためのマーケティング施策を考えよ」とのお達しがあったそうです。

ごく当たり前のミッションに見えますが、なぜ彼女は「ブルシット・ジョブ」と表現したのでしょうか。Mさんが言うには、

「そのブランドはもともとターゲットが明確なニッチブランドで、市場規模は大きくなく、売り上げを倍増させる余地はありません。万人受けしない商品を実際以上によく見せ

るなんて、お客さんを騙しているようで気が進まないし、意味を見出せません」

日頃、転職エージェントとして皆さんからのご相談をお受けしていると、彼女と同様に仕事の意味や価値を見失ってしまっている方にお会いすることもあります。

では、どうすればこのような状況から脱却し、納得のいくキャリア構築につなげられるのでしょうか。

●問題意識を持ち、クリエイティブな仕事に変えていく

仕事が「ブルシット・ジョブ」になるかどうかは、「受け身の姿勢でこなす」か、「主体的に問題意識を持ってやる」かによって変わってくると、私は捉えています。

例えば、冒頭で一例として挙げた「会社の受付カウンターにキャンディを補充する仕事」。これは昔からの習慣が根づいていて、誰も疑問を持つことなく惰性で続けているケースが多いのではないでしょうか。

しかし、キャンディを補充するスタッフ自身が、「このキャンディによってお客様の気分が和めば、商談が円滑に進む」という目的意識を持ってやっていれば、それはブルシット・ジョブではありませんね。

仮にそのスタッフが「これはブルシット・ジョブだ」と思いながらやっているのであれば、その目的を見つめ直し、意義ある仕事に変えることも可能です。

例えば、キャンディの効果について、アンケート調査なり、リサーチなりをして検証する。「キャンディよりもウォーターサーバーのほうが喜ばれるのではないか」「気分を和ませるなら、花を飾るのもよいのでは」など、目的・効果・コストを踏まえて提案する。

こうした取り組みは、仕事をブルシット・ジョブではない、意味のあるものに変えることができると思います。「キャンディ補充係」ではなく「受付空間コーディネーター」としてクリエイティビティを発揮していると言えるでしょう。

私自身も、会社員時代にブルシット・ジョブに悩まされたことがあります。マネジャー会議のたびにデータ作成を命じられ、毎回同じ仕様でKPI数値のデータをエクセルで集計し、表を作ることが暗黙のルールだったのですが、会議でまともに見ている人はいません。私にはその作業にかける時間が無駄に感じられ、少々苦痛でした。

そこで私は、思い切って上司に「もっと意味のある資料として作り替えて会議に持ち込んでもいいですか」と訴えてみました。上司の賛同が得られたことで、単なるファクトデータを並べるのではなく、対比データや目立つ数値があればそれに関連する情報を加えるなど、データを仮説検証しやすくするような分析資料として作成することにしたのです。これにより営業上の課題がわかりやすくなり、次の施策にも活かせるようになるなど、会議の内容や質までが変わりました。

「指示されたから」「ルールだから」「ずっと続いていることだから」というだけでやる仕事は、ブルシット・ジョブになりがちです。そこに時間とパワーをかけたとしても、ビジネススキルは磨かれないし、新たなキャリア展開にもつながらない。やるからには価値ある仕事に意味づけすることが大事でしょう。

「何のためにやるのか」を見つめ直し、「どうすればより生産性が上がるのか」「よりよい効果を生むのか」を考えて実行していくことが重要です。

● まずは「思い込み」を取り払ってみる

Mさんのお悩みに戻りましょう。

Mさんによると、担当しているブランドは「ターゲットが明確なニッチブランド」「市場規模は大きくなく、売り上げを倍増させるほどの余地はない」とのこと。こうした理由から、指示されたミッションに「意味がない」と捉えています。

そんなときはまず「本当にそうなのか」を、根本から見つめ直してみましょう。

私は多くのブランドマーケティング職の方々と対話してきましたが、「思い込み」によって可能性を狭めてしまっている方も少なくないと感じています。

これは、あるファッションブランドのエピソードです。「可愛い」系のデザインなので、20代向けのマーケティング施策を展開していたのですが、実のところ50代以上のミドルからシニア層までのファンも多いことが判明したそうです。娘や孫へのプレゼントとして買うほか、自分用にも買っているのだとか。

この事例のように、「アンコンシャス・バイアス（偏見や思い込みから、無意識のうちに偏った見方をしてしまうこと）」を取り除くことで、新たな展開が見えてくるかもしれません。

Mさんの担当ブランドも、もしかすると意外なところに新たなターゲット層が潜んでいる可能性もあるのではないでしょうか。それが実際にあったとしてもなかったとしても、「リサーチする」「検討する」というアクションには十分に意味があります。

そして何らかの仮説を立てたら、狙うターゲット層に適したリアルイベントや、ＳＮＳマーケティングを新たに仕掛けてみるなど、新たな施策に既存マーケット向けの予算を使わせてもらうよう、上長に交渉してみる手もあります。

そうした主体的な取り組みが受け入れられない風土の企業ならば、転職でステージを変えるのも1つの選択肢です。実際、Nさんも転職を視野に入れているとのことでした。

転職活動をするとなれば、先ほど例に挙げたアクションが「アピール材料」として効果を発揮します。

採用選考に臨むとき、「問題意識を持ち、主体的に行動を起こした」「改善や変革に向けて、新たな施策を考えた」といった経験をストーリーで語れれば、結果的にそれが実っていなくても、スタンスやマインドがプラス評価され、採用に至る可能性があります。

「主体的に課題に向き合い、改善を模索・提案する」というサイクルを回していれば、どんな仕事もブルシット・ジョブで終わらず、あなたのキャリア構築につながるはずです。

転職の女神からのメッセージ

どんな仕事にも価値はあり、成長の糧になる

第2章

あたらしい転職手段を試してみる——6つのパターンでリミットレスを実現

転職エージェント／ヘッドハント／リファラル採用／LinkedIn／口コミサイト／アルムナイ採用／

01

「転職エージェント」の上手な使い方

——6つのポイントで転職成功率アップ

私は30年以上にわたり、**「転職エージェント」**として活動してきました。以前は大手エージェントに在籍していましたが、２０１７年に独立起業。現在はエグゼクティブ層を中心とした転職エージェント業を手がけています。

これまで多くの転職希望者の方とお会いしましたが、転職エージェントを上手に使いこなす人は、早期に転職成功につながっています。

そもそも**転職エージェントとは、求人情報と仕事を探している人を仲介する会社のことを指します。**令和の転職は転職エージェントを利用するのが基本ですので、私も転職エージェントと上手に付き合う方法についてよく質問を受けます。エージェントの選び方、エージェントとのコミュニケーションのとり方についてご紹介しましょう。

●「総合型」と「ブティック型」を併用する

よく「複数のエージェントに登録してもいいんですか？　何だか担当の方に申し訳ない気がして……」などと聞かれることがあります。

転職エージェントは、「同時に複数利用してもOK」です。

エージェント側は、「求職者が複数社を併用しているのは当たり前」という感覚ですから、そこは安心してください。

ただし、やみくもにたくさんのエージェントに登録するのはお勧めできません。

というのも、応募から選考までの進捗管理が煩雑になるからです。複数のエージェントが共通して持っている求人案件は多数あります。同じ求人が複数エージェントから紹介され、「どこを通じて応募すべきか」で迷ってしまうことも。

ですから、まずは4〜5社程度と面談して、自分と相性が良さそうなエージェント2〜3社に絞るのがいいでしょう。複数のエージェントを併用するなら、「大手総合型」と「ブティック型（専門特化型）」を組み合わせるのが望ましいと言えます。

大手総合型エージェントを活用するメリットは、「求人案件数の豊富さ」と「網羅性」です。より多くの求人の紹介を受けられ、選択肢を増やせる可能性があります。また、幅広い業種・職種を扱っていますから、想定していなかった業界・職種で、自分の経験・スキルが活かせる求人に出合えることもあります。

一方、ブティック型の中小エージェントは、特定の業界や職種を得意とするほか、「経営幹部」「ミドル層」「外資系」など、何らかの領域に専門特化しています。あなたの経験値や目指す領域が明確であれば、その領域に強いブティック型を探すのもよいですよ。

こうして複数のエージェントを組み合わせ、目的に応じて使い分けてみてください。

●「エージェントに何を求めるか」を明確にする

エージェントの活用を開始する際には、自分の転職活動の方針、そして、「エージェントに何を求めるか」を明確にしておきましょう。それによってエージェントの選び方、付き合い方が変わってきます。

「なるべく多くの求人案件を比較検討したい」「異業界へのキャリアチェンジの可能性も探りたい」ということであれば、網羅性の高い大手総合型が役立ってくれます。

例えば、「人事」のキャリアを持つ方がいたとしましょう。「管理部門人材」に特化したブティック型だけを使った場合、紹介される求人は基本的に「人事職」のみ。それに対して、大手総合型であれば、「人事の経験を活かせる求人」という条件設定での検索により、「人材サービス会社の営業職・コンサルタント」「人事データを扱うHRテック企業の営業職・企画職」といった選択肢にも出合いやすいというわけです。

一方、目指す業界・職種が定まっていて、興味がある企業について「より深く知りたい」「自分の合格可能性を知りたい」ということであれば、むしろブティック型が重宝します。

大手総合型の場合、求人企業と対話する営業職と、転職希望者の相談に応じるキャリアアドバイザーやコンサルタント（相談員の呼称はエージェント会社により異なります）が分業制となっているケースがほとんどです。ところが、ブティック型の多くは1人のコンサルタントが企業側と求職者側の両方と直接対話するため、企業側の内情についてより濃密な情報を素早く提供してもらえる可能性が高いと言えます。

読者には、「今後の方向性や目標が定まっていない。転職活動を進めるなかであれこれ迷いが出てきそうなので、都度相談に乗ってほしい」という方もいらっしゃるでしょう。

もしあなたが、そういう思いを持っているのであれば、コンサルタントとの「相性」がとても重要です。この場合、複数のエージェントで面談を受けてみて、担当コンサルタントのスタンスや自分との相性を見たうえで、どのエージェントとお付き合いするかを決めるといいでしょう。

ちなみに、大手総合型は、登録者の数も多く、コンサルタント1人当たりの担当人数が多いため、残念ながら個別のケアが追い付かなくなることもあります。その点では、ブティック型のほうが中長期にわたってのきめ細かなケアを期待できると言えます。

お互い生身の人間同士ですから、よいコミュニケーションができることが、満足のいく結果につながることは言うまでもありません。

● エージェントとの上手な付き合い方のポイント6つ

エージェントの活用効果を最大化するためには、求職者であるあなた自身が、転職エージェントにとって「サポートしやすい」ように動くことが大切です。

では、転職エージェントはどうすればあなたをサポートしやすくなるのか。
いくつかのポイントをお伝えしましょう。

① 「初回面談」で少しでも多くの情報を提供する

「あのエージェントは、的外れな求人ばかり紹介してくるから信頼できない」という不満の声が聞こえてくることもあります。そんな事態を防ぐためには、まず自分からの情報提供量を増やすことが大切です。

そのためには、「初回面談」での時間の使い方が大切なのです。これまでの経歴を説明するだけで面談を終えては時間がもったいないです。そこでやっておきたいのは、職務経歴をまとめたレジュメを、初回面談前に送っておくことです。

その際、ただ職務経歴を羅列するだけでなく、「何が強みか」「今後活かしていきたいのはどの経験・スキルか」を職務経歴書に記載したり、「報酬や働き方などの希望する諸条件」「自分の志向・価値観」など、転職の軸となる情報を箇条書き程度でOKですので共有しておくことをお勧めします。

そうすれば、エージェントも求人案件のイメージをある程度持ったうえで初回面談に臨むことができ、「志向」「価値観」をより掘り下げて対話し、理解を深めることができます。

2 エージェントに何を期待しているかを伝える

「エージェントにどんなサポートを期待するのか」。これも、初期の段階で明確に伝えておきたいことです。

「○○業界の△△職の求人情報だけ提供してもらえばいい」「○月には転職を完了したいので、それまでに合否が出る求人だけ紹介してほしい」など、何らかのこだわりや事情があるなら、事前に共有するといいでしょう。

そうすれば、エージェントは適切な対応ができるようになり、あなた自身の満足度も高まります。

3 他ルートでの応募の進捗状況を共有する

他のエージェント経由での応募、転職サイトなどからの直接応募、知人を通じての応募など、他のルートで応募している求人についても、進捗状況を共有してください。

そうすれば、応募から選考までのスケジュールを調整してもらえます。例えば、「第1志望の選考結果が出る前に、第2志望から内定が出て意思決定を迫られる」といった事態を防ぐことができます。

また、他社の選考状況やオファー内容を踏まえ、選考中の企業に対して給与・待遇・入社時期などが有利になるよう交渉してもらえることもあります。

4 「本音」を話したほうがいい

エージェントも感情がある1人の人間です。心を開いて、本音で話してくれる人に対しては「信頼してくれている」と感じ、親身になって応援したくなるものです。「業者」と捉えて、ドライに接するのは自分にとって損。心強い味方になってもらうためにも、個人として信頼関係を築くことを心がけることをお勧めします。

5 相性が合わなければ「チェンジ」もアリ

担当コンサルタントに不満を抱いた場合は、「担当を代えてほしい」と申し出てもかまいません。本人には直接言いづらいでしょうから、カスタマーサポートなどの窓口に伝えるといいでしょう。相手への批判や不満を告げるのではなく、「相性」を理由にすればカドが立ちにくいと思います。

ただし、紹介される求人案件に不満がある場合、同じ会社内で別のコンサルタントに交代しても、出てくる案件は変わらない可能性が高いです。その場合は、別のエージェント

● 転職エージェントに依頼できること

キャリア・志向の整理
キャリアプランの相談
キャリアの「市場価値」の診断
求人情報の紹介
志望企業での採用可能性の診断（エージェントと取引がある企業の場合）
職務経歴書の書き方アドバイス
面接日程調整
面接の練習（模擬面接）
面接対策へのアドバイス
年収・待遇交渉
入社日交渉
退職交渉の仕方のアドバイス
「家族の反対（嫁ブロック）」への対応法のアドバイス

……など

会社に替えたほうが不満の解決につながりやすいかもしれません。

6 「頼るべきでないこと」は頼らない

転職エージェントには、さまざまな機能やサービスがあります。ここで整理しておきますので、状況に応じて活用してください（ただし、会社によってサービス内容は異なります）。

しかし、何でもエージェントを頼ればいいわけではありません。「私は本当に転職すべきでしょうか？」といった漠然とした悩みをぶつけても、あなたが望むような答えは得られないでしょう。

「どうすればいいですか」ではなく、ま

ず自分で考えたうえで、「こう考えていますが、どう思いますか」という尋ね方をするようにしたいものです。

特に、「転職するかどうか」「内定企業に入社するかどうか」の最終判断は、自分自身で行うものです。エージェントはあくまで「判断材料を提供してくれる」存在にすぎません。そのことを理解し、一線をしっかりと引いて付き合うことで、エージェントを上手に活用してくださいね。

転職の女神からのメッセージ

キャリアのプロに「伴走」してもらおう

02

「ヘッドハント」される人が実践している6つのこと

——社内外で「よく知られた人」になるには

転職活動をする場合、可能性をより広げるなら、「自分では見つけられない」求人情報も入ってくるようにしておきたいものです。転職サイトには掲載されていない、「非公開」の求人です。

それは、企業の幹部候補であったり、新規事業の立ち上げメンバーであったり。キャリアアップにつながる求人や、魅力的なプロジェクトの求人です。

そうした非公開求人を持っているのが、ハイクラスのビジネスパーソンを対象とする転職エージェントや**ヘッドハンター**です。

一般的な転職エージェントの場合、転職を考えている人が自ら登録し、キャリアアドバイザーが相談に乗るという「登録型」のスタイルを採っています。

一方、**「サーチ型」と呼ばれるエージェントやヘッドハンターの場合、企業からハイレ**

ベルな求人の依頼を受け、ふさわしい候補者を探します。彼らの目に留まれば、自分では思いもよらぬ転職先の選択肢を得て、キャリアの発展につながることも多いのです。

さて、同じレベルのキャリアを持つ人材でも、ヘッドハンターから声がかかる人、かからない人がいます。当然、前者のほうがチャンスをつかみやすいと言えますが、ヘッドハンターに「選ばれる」「選ばれない」の差はどこにあるのでしょうか。

どんなに優れた実績もスキルも、第三者に知ってもらわなければ、そこから発展させるチャンスにつながりにくいと言えるでしょう。そこで自分の評判がヘッドハンターを含む複数の第三者に届くようにする方法をご紹介します。

●自社内で「知られた存在」になる

まず、自社内でブランディングし、「知られた存在」になることを目指してください。

と言っても、「社内だけで有名人になっても、転職にはつながらないのでは?」と思うかもしれませんね。

実は、ヘッドハンターが人材をサーチする際には、よく自分の友人・知人に尋ねるのです。「あなたの会社に、こんな人はいない？」と。その際に、ご自分の名前が挙がるようになればしめたものです。そのための具体的な方法は……。

1 「受賞」にこだわる

多くの会社には、「ＭＶＰ」「社長賞」など、成果を上げた人を表彰する制度があるかと思います。

「自分さえ満足していればいい」という方もいらっしゃるでしょうが、積極的にタイトルを獲りにいきましょう。エントリー制であれば、自分の成果とそのプロセスをしっかり整理してアピールすることで、対象候補に選ばれやすくなるはず。受賞すれば、社内に広報され、多くの人に知ってもらえます。

2 社内報に載る／社内ＳＮＳに投稿する

総務や人事などから社内報の記事制作への協力依頼を受けた場合、「忙しいから」と断ってはいませんか？　そんな時は積極的に協力し、自身の取り組みを発信しましょう。「依頼が来たら協力」ではなく、自ら売り込んでいってもいいでしょう。最近では、誰もが自由に投稿・閲覧できる社内ＳＮＳを設けている企業も多いですよね。そうした場に、自分のナレッジやノウハウなどをどんどん投稿していくのもお勧めです。「役立つ情報を発信してくれる人」と認知されれば、注目度が高まると思います。

3 勉強会やセミナーなどを主催する

社内で勉強会やセミナーを企画し、運営を主導したり、自分で講師を買って出たりするのも有効です。

実は私自身、これで社内ブランディングに成功した経験があります。自ら勉強会を企画し、自身の営業活動での成功事例や、経験から得たノウハウなどを皆に共有したのです。

そもそもの目的は、メンバーにナレッジ共有し、チーム全体の力を高めることにあり、自分のことをアピールしようという思いからではありませんでした。ところが、勉強会の評判が広がり、自分の部署だけで行っていたのが、他部署や他地域の支社からも「その勉強会、うちでもやってください」と要請されるようになったのです。

さらには、リクルートグループ各社や同業他社からも講師依頼が寄せられるようになり、結果的に私の存在が広く知られるようになりました。

4 社内のサークルや有志活動に参加する

仕事で目立つ成果を上げなくても、社内ネットワークを築くことはできます。サークル活動、あるいは有志が集まる社内横断プロジェクトなどに参加するのです。

そこで知り合った誰かが、もし友人のヘッドハンターから「あなたの会社で頑張っている人を紹介して」と言われた場合、「そういえば」とあなたの名前が挙がるかもしれません。「多くの人に知られている」というだけで、新たな展開につながる可能性があります。

ここまでお伝えしたような「社内ブランディング」は、ヘッドハンターの耳に届きやすくなるだけでなく、当然、自社内で仕事の幅を広げることにもつながります。

転職するにしてもしないにしても、将来的なキャリアを意識して取り組んでみてはいかがでしょうか。

5 社外にネットワークを広げる

以上の4つ以外にも、もちろん自社内だけでなく社外でも「知られた存在」になれば、可能性はさらに広がります。

自分の専門分野や興味ある分野のコミュニティに参加し、勉強会やセミナー、コンソーシアム、ワークショップなどの機会を利用して、社外人脈を広げてはいかがでしょうか。

そうしたコミュニティには、必ず「インフルエンサー」「オピニオンリーダー」という人物がいます。そうした人と積極的にコミュニケーションをとることもお勧めします。


そうした人物はヘッドハンターとも交流を持っていて、「こんな人を知らない？」と相談されることもよくあります。そんな時に思い出してもらえる存在になっておくといいでしょう。そして、転職を視野に入れているなら、それを周囲にアナウンスしておくことで、より声がかかりやすくなります。

「転職活動はひっそり・こっそり」だった時代と比べ、最近では、企業に在籍しながら「次のキャリアを探している」とオープンにする人も増えています。思い切って、ご自分のキャリアプランや転職の意思を、社外の近しい人に発信しておいてはいかがでしょうか。

⑥「ビズリーチ」「LinkedIn」に登録しておく

さらにもう1つ、ヘッドハンターから声がかかりやすくなる方法があります。

最近、テレビCMでもよく見る「ビズリーチ」や「リクルートダイレクトスカウト」。年収600万円程度以上から1000万円超クラスのビジネスパーソンを対象とした転職サイトです。

経歴を登録しておくとヘッドハンターや人事担当者からスカウトが来る仕組みですから、ヘッドハンターに見つけてもらう近道と言えるでしょう。

ビズリーチやリクルートダイレクトスカウトに登録する場合、「年収〇〇万円以上」「転勤不可」など、制約条件をあまり多く書かないことをお勧めします。「その条件は絶対に譲れないから、希望しない案件がこないように」との考えから条件を設定されているかもしれませんが、ヘッドハンター側には「制約条件が多く自己主張が強い人かもしれない」という警戒心が生まれることもあります。

そうなるとせっかくヘッドハンターが条件に合致する案件を持っていても、避けられてしまう可能性がありますので、柔軟な姿勢を見せておくのが得策です。

ただし、ビズリーチやリクルートダイレクトスカウトの場合、テレビCMも積極的に打っていてサービスがメジャーになっていますから、多くの人が登録しています。したがって「埋もれやすい」ということは心得ておいてください。

そこでお勧めするのが後ほど紹介する「リンクトイン（LinkedIn）」への登録です。

リンクトインは日本ではまだまだメジャーとは言えません。けれど、ヘッドハンターたちは必ず閲覧しています。登録者数が増えてはいますがまだそれほど多くありませんので、目立ちやすく、ヘッドハンターに目を留めてもらいやすいと言えるのです。

「すでに登録しているけれど、プロフィールを更新していない」という人も多いかもしれませんね。ぜひ、直近の経歴も載せておくようにしましょう。

より声をかけられやすくするためには、職務経歴の書き方を工夫してください。

第3章でも詳しく触れますが所属部門・担当職務をただ時系列に羅列しても、読み手には「強み」が伝わりません。

「何を得意とするか」「どんな成果を上げてきたのか」まで記載することで、それを見たヘッドハンターは、「この求人ポジションに合いそう」と、具体的な案件をイメージしやすくなります。アプローチを受ける確率も高まるということです。ヘッドハンターは、自分が想定していなかったような活躍の場をもたらしてくれることもあります。接点が生まれるように、行動範囲を広げてみてはいかがでしょうか。

転職の女神からのメッセージ

希望を実現するには「発信力」を磨いて！

03

「リファラル採用」

——「うちで働かない？」と誘われたら注意すべき4つのポイント

求人サイト、転職エージェント、SNS……転職活動の手法はいろいろありますが、最近、新たな転職ルートとして広がっているのが「リファラル採用」です。

リファラル採用とは、従業員が友人・知人を会社に推薦し、選考を経て採用に至るもの。古くからある「縁故採用」の一種と言えますが、最近はこのリファラル採用自体を「仕組み化」して全社ミッションにするなど、注力する企業が増えてきました。

誰もが「うちの会社に入らない？」と声をかけられる可能性が広がってきていると言えます。リファラル採用のトレンド、そして友人・知人から誘われて転職を考える場合の注意点をお伝えしましょう。

●ベンチャー中心だったリファラル採用を大手も導入

アメリカの人材マーケットでは、以前から一定の割合を占めていたリファラル採用。当然、グーグル日本法人など高度な人材を求めるグローバル企業でも行われてきました。

では、なぜ近年、日本企業の人事戦略としてリファラル採用が広がっているのでしょうか。企業がメリットを感じているポイントは主に3つあります。

- 求人メディアへの出稿や転職エージェントへの成功報酬といった「採用コスト」が不要
- 自社が求めるスキルを持っていて、「転職活動をしていない」人材に働きかけることができる（求人サイトや転職エージェントを通じて応募してこない人に出会える）
- 社員が「この人ならうちの会社に合う」と思った人に声をかけるので、価値観が合い、社風にフィットする人を呼び込める

こうしたメリットから、資金力が十分ではなく、かつ少人数組織なので「カルチャーフ

イット」が重要なベンチャー企業において、リファアラル採用が広がってきました。

ところが、最近では大手企業もリファアラル採用に乗り出しています。

2020年7月には「トヨタ自動車がリファアラル採用を開始」と報じられました。

これまで、大手企業にとって、リファアラル採用を行うにはある課題がありました。それは、社内の採用ポジションを社員にオープンにすることで「外部から採用するなら、自分を配属してほしい」という声が多数上がってくる可能性があることです。

これが数百人規模以下のスタートアップ・ベンチャー企業であれば、「社員が他部署の取り組みを知り、会社全体を俯瞰《ふかん》して理解できる」というメリットにもなるのですが、大手企業では人事統制がとれなくなる恐れがあります。

そうした事態を警戒してリファアラル採用に踏み切れなかった大手企業も、そろそろ「覚悟を決めた」のでしょうか。社内異動の制度整備も含め、タレントマネジメントを充実させていこうとする「戦略人事」強化の動きが見てとれます。

今後は、スタートアップから、中規模から大規模ベンチャー、大手企業にまで、リファアラル採用が広がっていきそうです。

●リファラル採用の運用方法は会社によって異なる

今後、あなたにも「うちの会社に興味ない？」と声がかかるかもしれません。その場合に備え、企業のリファラル採用の仕組みについて知っておきましょう。

従業員がどこまでの役割を担うかは、企業によって異なります。「友人・知人を会社説明会へ誘う」までのケースもあれば、「明確にスカウトの声をかけ、経営トップとの面接につなげる」というケースもあります。

採用に至れば、紹介した従業員にはインセンティブが支給されるか、人事評価に反映されます。インセンティブの額も企業によって差があり、なかには1人の紹介・採用で月給1～2カ月分に相当する額が支給されるケースも。

人事担当者には、「従業員がインセンティブ目的で強引に勧誘するのでは」と懸念を抱く人もいますが、私が知る範囲では、インセンティブ目的で友人に声をかける人はあまりいないように思います。

「自社の事業成長のために」「うちで働けば、彼（彼女）はもっと力を活かせる。いいキャリアを築ける」など、会社や人への貢献を考えて動いている人が多いと感じます。

SNSやLINEグループなどに「うちの会社にこんな採用ポジションあるけど、興味ある人いる?」「こんな人がいたら教えて」と気軽に投げかけるケースも見られます。

なお、採用担当者が、社員のFacebookの「友達」リストや、友達との交流をチェックしていて、「この人に声をかけてみて!」と働きかけることもあります。

つまり、リファラル採用をしている企業からスカウトされるチャンスを広げるなら、SNSに自分のプロフィールをしっかり書いておくこと、友人たちとコミュニケーションを継続しておくことが得策と言えそうですね。

●「うちに入社しない?」と誘われた場合の注意点は?

実際に、友人・知人・元同僚などから「うちに来ない?」と誘われたら、どんな点に注意して対応すればいいのでしょうか。

リファラル採用で入社した経験がある人たちから聞いた、「しまった」「こんなはずじゃなかった」というリアルな声をご紹介しましょう。

- 声をかけてくれた友人に気を遣って、人事から提示された条件をそのまま受け入れて

しまった。きちんと交渉すべきだった

・長年の友人より、強いスカウト勧誘を受け、三顧の礼で迎えられ入社。入社後、雇用主――従業員ということで関係性が変わり気まずくなった

・尊敬する人から声をかけられ、「この人と働きたい」と入社。しかし、その人は辞めてしまい、縁故で入った自分は居心地が悪い思いをすることになった

・友人に誘われて入社したが、その友人は社内で「マイナー派閥」だった。自分も自動的にマイナー派閥に属することになり、多くの社員から一線引かれてしまった

・入社後、仕事の進め方で納得いかないことがあったが、誘ってくれた友人の手前、批判的な発言や改善提案がしづらかった

・友人に誘われて入社したら、友人より自分のほうが成果を上げて、ポジションが上になり、友人とぎくしゃくした関係になってしまった

このように、「人間関係」で入社すると人間関係で苦労するケースも少なくありません。うっかり落とし穴にはまらないためにも、入社を検討する際には次の4点を心がけてください。

1　声をかけてくれた友人・知人の話を鵜呑みにしない。自身でもいろいろな角度から情報収集、企業研究をする

2　友人・知人の存在がなくても、「この会社の理念・方針に共感できる」「この会社なら成長できる」「この会社で働きたい」と思えるかどうかを考える

3　声をかけてくれた友人・知人と人事担当者に会っただけで決断しない。経営陣、配属予定先で一緒に働くメンバーなどとも話をさせてもらう

4　給与・待遇などの条件は、納得がいくように交渉する。口約束ではなく、労働条件を文書にした通知書を受け取っておく

こうしたステップを踏んで、転職する価値があるかどうかを見極めてくださいね。

転職の女神からのメッセージ

人脈をうまく活かせば将来の選択肢が広がる

04

感度のいい人ほど使う「LinkedIn」で転職スカウトを呼び寄せる

ここ数年の転職市場における大きな変化の1つは**リンクトイン**の普及です。実際に「活用法をもっと知りたい」「リンクトインのプロフィールをどのように書けばいいですか？」といったご質問もよくいただくようになりました。

まず私としては、「もっとリンクトインを活用してください！」とお伝えしたいです。

これまでの職歴や学歴を登録して公開・共有するSNS型のスカウトツールであるリンクトインはアメリカではメジャーなサービスですが、日本での登録者は本国ほどではなく、その分、「感度が高いビジネスパーソンが使っている」というイメージもあり、特にハイクラスからエグゼクティブ層までの人材サーチでは注目されているのです。

そこで、リンクトインでプロフィールを記載する際、どのようなポイントを意識して書けば転職スカウトの目に留まりやすくなるかをお話ししましょう。

●転職活動は「スカウトを待つ」スタイルが一般化

一昔前の転職活動と言えば、「求人誌や求人サイトで求人を探す」「転職エージェントに登録して求人の紹介を受ける」という方法が一般的でした。

しかし、昨今は「転職サイトのスカウトサービスに経歴を登録し、企業や転職エージェントからスカウトの声がかかるのを待つ」スタイルが広がりつつあります。代表的なサービスには、先述の「ビズリーチ」「リクルートダイレクトスカウト」などがあります。

すぐに転職するつもりはなくても、「条件の良いオファーがあれば転職を検討する」「どんな企業から声がかかるかによって、自身の現在の『転職市場価値』を知る」といった目的で利用するビジネスパーソンも増えています。

私たち転職エージェントは、企業からの求人依頼を受け、こうしたスカウトサービスの登録者データベースで人材をサーチするのですが、リンクトインもよく閲覧します。

ビズリーチなどを使わずリンクトイン優先で人材サーチをする転職エージェントも増えていますので、リンクトインに登録しておくと入手できる求人案件の幅は広がります。

また、転職する気はなくても、リンクトインにプロフィールを公開しておくことで、ビジネスパートナーや志を同じくする仲間などに出会える可能性があります。

メディアの編集者が取材対象者を、またイベント主催者が登壇者をリンクトインで探すことも多く、専門分野の有識者としてメディアデビューにつながるケースもあります。

転職はもちろん、ビジネスやキャリアに関する情報収集ツールとしても、ぜひ活用してはいかがでしょうか。

では、リンクトインのプロフィール欄には具体的にどのような情報を記載しておくと、人材をサーチしている企業や転職エージェントの目に留まりやすくなるのでしょうか。

発信のポイントをお伝えしますね。

● 自分を表現するキーワードを多く盛り込む

プロフィールの記載項目の基本は次のとおりです。

- 学歴
- 職務経歴（所属企業・部署・担当職務・携わったプロジェクト・副業など）
- 保有資格

・強みとする領域やスキル

そして、さらに具体的に、次のような情報も盛り込んでおくといいでしょう。

・学校情報（留学先や専門分野のダブルスクールなども）
・これまでの仕事で上げた成果・実績
・出版物（書籍）・各種メディア情報（オンラインサイト・ＹｏｕＴｕｂｅなどＳＮＳ）
・登壇情報
・人脈・ネットワーク（所属しているサードプレイス・コミュニティ）
・学んできた領域、興味を持っている分野・テーマ（現在の本業と関連がないものでも可）
・仕事に対するスタンスやマインドセットなど

ここまで記載しておくと、転職のスカウトに限らず、「こんなプロジェクトを一緒にやりませんか」といったお誘いの声がかかる可能性も高まります。

転職エージェントが人材サーチを行う際には、企業名・部署名・職種名・肩書などで検索します。例えば、人事の人材を探す際には「ＨＲ」「ＣＨＲＯ（最高人事責任者）」といった検索ワードも使用します。「DX」など、プロジェクトテーマのワードで検索し、その経験者を探すこともあります。

自分は何者なのか、どんなことができるのか……自分自身を表現する「タグ」となるワードを書き出し、プロフィール文に盛り込みましょう。そうすれば、あなたの経験・スキルを求めている人に見つけてもらいやすくなります。

もちろん、現職・前職の会社の守秘義務を厳守することが前提です。コンプライアンス違反にならない範囲で、なるべく多くの情報を提供するとよいでしょう。

求人に応募する際に提出する職務経歴書の場合は、なるべく1～2枚以内にまとめるのが鉄則です。ボリュームが多すぎると、選考する人に負担をかけるからです。

しかし、リンクトインの場合は、ボリュームが多くなってもかまいません。ちょっとした情報が誰かの目に留まり、そこからチャンスが広がる可能性がありますから。

●記事投稿で「人となり」を感じ取ってもらう

リンクトインをさらに活用するなら、プロフィールを記載するだけでなく、記事を投稿するのもお勧めです。ビジネスに限らず、興味・関心があるテーマでOKです。

投稿記事では、その内容やメッセージはもちろん、文章トーンからも、その人の「人となり」が伝わるものです。「話をしてみたい」「一緒に働いたら面白そう」といった印象を持たれ、ご縁がつながる可能性があります。

少し前に『LinkedIn活用大全』（日本実業出版社）の著者で採用関係の起業家である松本淳氏とセミナーに登壇する機会がありました。松本氏によると、読み手の役に立つような有意義な記事や「すごい」と言われる記事を書こうと身構える必要はない、と言います。むしろ日記のように、「こんな出来事があり、こう感じた」「こんな人に会い、新たな発見があった」など、感情が動いたことを数行でも書けばいいのだと。そんな発信が共感を呼び、気づけばフォロワーが増えていた……という事例もあるそうです。

キャリアだけでなく「共感」で人とつながる。そんな出会いのきっかけを生み出せる可能性があるのです。

●個人で「キャリア情報」を管理する時代

これまで、1人ひとりの人事情報＝キャリアは、所属企業が管理してくれていました。しかしこれからは自分自身で管理する時代です。

国税庁の2020年の「令和2年分 民間給与実態統計調査」では、会社員の平均在籍年数は12・4年です。65歳まで働くとして、計算すると3〜4回職場を変えることになります。1つの会社で一生働き続ける人は減っていき、「何度か転職する」「副業・複業を持つ」といった人が増えていきます。

リミットレス転職の時代だからこそ、キャリアオーナーシップを持って自分の職務経歴をしっかり管理し、適切に活用していく必要があります。

その管理ツールとして、リンクトインを活用するのも有効だと思います。

自身のキャリアを蓄積し、都度アップデートしていく。加えて、仕事に向き合うスタンスや、これからチャレンジしたいことなども発信していく。それによって、思いがけない人や企業との縁を呼び寄せ、キャリアに新たな展開が生まれるかもしれません。

転職の女神からのメッセージ

スカウトは「待つ」だけでなく「攻める」べし

05

企業の「口コミサイト」はどこまで信用できるのか？

商品を購入する際、お店やサービスを利用する際、ネットの**「口コミサイト」**を検索して情報を得ることが当たり前になっています。転職活動においても、応募先候補企業の口コミを参考にしたいと考える人は多いようです。

こうしたニーズを受け、**働いている社員・過去に働いていた社員の口コミを掲載しているサイトも複数生まれています。代表的なものには「OpenWork（オープンワーク）」「転職会議」などがあります。**

企業研究をする際、公式サイトなどの情報を見るだけでは「実態」は分かりません。漠然としたイメージだけで企業を選び、入社後にギャップを感じて早期退職に至るケースは多々あります。

実際にその企業で働いた経験者のリアルな声は、志望企業を選択する際の判断材料の1

つとして有効と言えるでしょう。

ただし、こんな声を聞くこともあります。

「ある企業のカジュアル面談を受けたらとてもいい雰囲気だったので魅力を感じていたが、口コミサイトを見てみたら印象と全然違ってかなりひどく書かれていた。こういう口コミはどの程度信用に足るのか分からないが、怖くなって結局そこは辞退してしまった」

この方の判断が正しかったのか誤りだったのかは分かりません。

「入社する前に内情を知り、失敗を防げてよかった」のかもしれませんが、もしかすると「いいかげんな情報に惑わされ、大きなチャンスを逃してしまった」可能性もあります。

そこで、企業の口コミサイトを利用する際に心がけるべきこと、効果的に活用する方法をお伝えします。

●「どんな人が書いているか」を意識する

前提として、企業口コミサイトにコメントを投稿するのはどんな人なのかを想像してみましょう。

私が認識するかぎりでは、対象企業に在籍中かつ現状に満足している人が、こうした口コミサイトに自主的に投稿することで何らかのインセンティブを得られる仕組みはないようです。つまり、投稿するメリットがあまりありません。

また、ある口コミサイトの利用ルールとして、自身が企業の口コミを投稿することによって、他の企業の口コミの閲覧も可能になります。

他の企業の口コミを見たい人とは、おそらく「転職活動中」の人。つまり、在籍中の企業に何らかの不満を抱いて転職しようとしている人、すでに退職して転職活動を行っている人が投稿している可能性が高いと言えるでしょう。

もしかすると、「憂さ晴らし」的な感覚で、ネガティブな情報を書き込んでいる人もいるかもしれません。

逆に言えば、今の会社に満足し、転職を考えていない人は、あえて口コミサイトに投稿する理由も機会もほとんどないわけですね。こうした背景を踏まえ、ネガティブな内容が目立ちがちになることを認識しておいてください。

昨今は、さまざまな商品・サービスで口コミ情報をチェックする習慣が根づいていますので、多くの人は客観的な視点を持って判断する力がついていると思います。

それでも、ネガティブな情報を目にするとどうしても気になり、引きずってしまうことがあります。くれぐれも鵜呑みにしないことが大切です。

●口コミ情報を見る時に注目するポイント

口コミ情報を見る時は、次の観点を持つことをお勧めします。

ネガティブな情報をそのまま受け取り、早まって「応募しない」という判断をするよりも、少しでも興味があるなら応募してみて、疑問や不安を抱いたポイントについて面接時に確認してみましょう。

●「一部」のことなのか「全社」のことなのか

いいことも悪いことも、「一部の部署・職種」に限った話であるケースもあれば、「会社全体」に共通しているケースもあります。「自分が応募したい部署・職種ポジションではどうなのか」を見極めましょう。

また、投稿者の個人的な状況がコメントに反映されていることも。それを会社のカルチャーそのものと受け取り、誤解することもあります。

例えば、投稿者が「たまたま自身の直属上司と折り合いが悪かった」などの事情で「居心地の悪さ」を感じていたことに対し、「人間関係がぎくしゃくしている職場なのか」と思い込まないようにしたいものです。

●「現在」はどうなのか

例えば、労働環境や評価制度などに関するネガティブな口コミについては、「その投稿者はいつの時期にそれを体験したのか」が重要なポイントです。

今は多くの会社が急速に「働き方改革」を進めていますし、「人的資本経営」が注目を集めるなかで人事制度・評価制度の見直しも行われています。

以前は社員に不満を抱かれるような労働環境・制度だったのが事実だとしても、今は刷新され、働きやすくなっているかもしれません。

また、急速に拡大したスタートアップなどであれば、ハードワークにより「労働環境がブラック」などと言われることもよくありますね。

しかし、「上場」を機にコンプライアンス体制が整備されるため、上場後には労働環境が改善されている可能性があります。

また、近年のスタートアップは、ビジネスモデルを軌道に乗せたり一定数の顧客を獲得したりした段階などで、M&Aにより売却するケースも多数。大手企業に買収され、親会社と同等の待遇・制度が導入されて働きやすくなっているケースもあります。

会社の沿革や最近のリリースなどもチェックし、「現在」の状況を確認してください。

●「自分にとって」どうなのか

投稿者にとっては不満を抱くことであっても、自分にとってはそれがメリットであるケースもあります。

例えば、こんな口コミコメントがあったとしましょう。

「上司や先輩がちゃんと指導してくれない。指示も曖昧で放置されている」

こんな不満な状況が、人によっては「願ったり叶ったり」であることもあります。「上司から細かな指図を受けず、自分のやり方で自由にやれるんだ！」と。

逆に、口コミで「仕事が楽」とプラス評価されている企業で、「仕事が退屈。チャレンジができず、成長を実感できない」と不満を抱く人もいるわけです。

「この人にとっては不満のようだけど、自分にとってはどうなのか」という観点を忘れないでください。

● 信頼できる人から情報を得て自分の目で確かめる

上記の観点で口コミ情報を読み、気になったポイントは面接で確認してみましょう。人事担当者に「こんな口コミを見たのですが、実際はいかがでしょう？」とストレートに質問を投げかけてもかまいません。「離職率」を確認するのも1つの目安となります。職場の雰囲気や仕事の進め方に不安を感じるなら「配属先部署のメンバーの皆さんとお話しする機会をいただけませんか」と交渉してみるのも手です。オフィスに足を運べば、会社の空気を感じとり、自分にフィットするかどうかを判断できるのではないでしょうか。

とはいえ、企業側が正直に話してくれないこともあり得ます。

面接で聞く以外にも、SNSなどのネットワークからその会社で働いている人・働いていた人を探し出し、アプローチして話を聞いてみてもいいでしょう。

私たちのような転職エージェントを情報源として活用していただくのも有効です。

私も30年近く転職エージェントを務めるなかで、「今の会社を辞めたい」と相談に来る方々から、さまざまな企業の裏情報をお聞きしています。

「この会社はこうだと聞いたのですが……」「そんなことはないよ」ということもありま

すし、逆に「その会社はお勧めできない」ということもあります。

正直なところ、いわゆる「ブラック企業」は確かに存在します。

そして、「実はブラック」な企業に対し、良いイメージと憧れを抱いている人（特に新卒・第二新卒層）に出会うこともあります。これは「経営者が二面性を持っている」企業に見られる傾向です。

外向きの発信では良いイメージを抱かれていても、内部では「何でも独断で決めて、社員の意見を聞かない」「戦略や方針がコロコロ変わる」「社長の好き嫌いで人事評価が決まる」など、社員が不満を抱いたり疲弊したりして辞めていくケースもあるのです。

転職エージェントを活用する場合は、担当コンサルタントに企業の評判について尋ねてみてはいかがでしょうか。

転職の女神からのメッセージ

ネガティブな情報は「裏側」に目を凝らそう

06

人材市場の新潮流「アルムナイ採用」

――〝出戻り社員〟が企業にもたらす力

近年、企業の人材採用の手法が多様化しています。言い換えれば、求職者が転職先を見つけるための方法やルートが増えています。自社で直接人材にアプローチし、スカウトする「ダイレクトリクルーティング」が広がっているのです。

先に触れた、「ビズリーチ」や「リクルートダイレクトスカウト」などの転職サイトや「リンクトイン」などのビジネスSNSに登録している人をスカウトしたり、「リファラル採用」で採用を行う企業が増えてきました。

そして、最近新たに注目を集めているのが「アルムナイ採用」です。

アルムナイとは、英語で「卒業生」「同窓生」の意。つまり、自社を退職したOB・OGを再び採用することを「アルムナイ採用」と呼びます。働く人にとっては、いわゆる「出戻り」です。

これまでにも退職者を再雇用するケースはありましたが、このところ、アルムナイ採用を制度化する動きが活発になってきました。転職エージェントである私のもとにも、企業から「アルムナイネットワークの構築にあたり、コミュニティの活性化を担える人材を採用したい」というご相談が寄せられています。

●「アルムナイ採用」には多くのメリットがある

かつての日本企業では、転職していく人に対して「裏切った」というネガティブな捉え方をする傾向が見られました。しかし、人材獲得競争が激化して採用に苦戦している現在、退職者の「人材価値」を高く評価しているのです。

アルムナイ採用に注力する企業は、次のようなメリットがあると考えています。

●仕事のやり方やカルチャーを理解している

新たに中途採用者を迎えても、入社後にミスマッチが生じ、早期退職につながるケースは少なくありません。しかし、過去に勤務していた人であれば、自社の仕事のやり方やカルチャーを理解しているので、入社後にギャップを感じることはほとんどないという安心感があります。

● **自社にない知見・ノウハウを持ち込み、融合させてくれる**

一度退職した人は、外の世界を見ていることで、自社の課題を客観的に捉えることができるようになっています。加えて、自社にない知見・ノウハウをキャッチアップしています。

自社がもともと持っているリソースやカルチャーを理解したうえで、外の世界で得たものを持ち込むことにより、新たな価値を生み出したりイノベーションにつながったりすることを期待しています。

● **採用コストがかからない**

応募者を募るために求人広告を出したり、転職エージェントに採用時の成功報酬を支払ったりする必要がないため、採用コストを抑えられます。教育・研修のコストや時間も節約できます。

● **企業のブランディング効果もある**

アルムナイネットワークを整備・運営することで、組織に柔軟性があり、「ダイバーシティ（多様性）」を実現している企業というイメージを持たれます。つまり、採用においてのブランディングの効果も期待できます。

●社内活性化にもつながる

退職した社員と付き合いが続いていたり、久しぶりに接点を持ったりした社員が自社への再入社を勧めようとすると、社内の各部署の戦略や人材ニーズを理解している必要があります。これは、アルムナイに限らず「リファラル採用」でも同様です。

そこで、会社として各部署の取り組みや求人情報を社内に向けて発信し、社員が他部署にも関心を持つようになることで、「組織の活性化」という副次効果が生まれているケースもあります。

個人側の視点から見ても、「出戻り転職」にはさまざまなメリットがあります。

企業側のメリットとしても挙げたとおり、仕事のやり方やカルチャーを理解しているので、入社後のギャップに悩むことは少ないでしょう。

すでに社内にネットワークを持っているので、「困ったらあの人に相談すればいい」など、頼れる人がいる安心感もあります。

また、以前に所属していた時には不満を抱いて辞めたとしても、他の会社を経験したことで「恵まれた環境だった」と気づくケースも少なくありません。会社の魅力を認識し、「出戻ってからは感謝の気持ちを持って働けるようになった」と語る人もいます。

実際に「出戻り転職」によって活躍している方の事例をご紹介します。

ある大手企業に勤務していたNさんは、「より経営に近いところで働きたい」と考え、スタートアップに転職。希望どおり経営スキルを磨き、COOとして活躍した後、元の会社に出戻りました。入社後、次のような評価を得ています。

「新卒から勤続している同年代のマネジメントクラスと比較すると視座が高く、良い刺激を与えている」

「新規ビジネスの開発に際し、新しい視点を持ち込んでくれた」

とはいえ、ご苦労もあったようです。

「お互いに分かっているから」と、詳細な説明を受けずに出戻ったところ、ご自身が以前に勤務していた頃と比べて状況が変わっていたり、想定外の課題にぶつかったりもしたといいます。

アルムナイ採用の場合は、企業側も転職者側も「分かっている」と油断せず、課題や今後の目標をしっかりと共有しておく必要があります。

また、その会社でのブランクがある分、やはり変化をキャッチアップするのに時間がかかることもありますので、成果を焦らないことも大切です。

昨今、大手企業各社はアルムナイネットワークの構築・運用に取り組んでいます。各社の取り組みや運営ノウハウが広く共有され、成功事例も増えていくと、追随する企業は増えていくでしょう。

転職経験のある方は転職活動に臨む際、「前の会社への出戻り」を選択肢の1つに加え、以前の所属企業がアルムナイ採用を行っているかどうかをチェックしてみる手もあります。コミュニティが運営されていれば、まずは参加してみて、情報収集をするといいでしょう。

一方、これから会社を退職する人は、将来出戻る可能性を想定し、「円満退職」を心がけてください。会社への批判や不満をぶつけたりすることはせず、業務の引き継ぎをしっかりと行い、今後の連絡先も伝えたうえで退職し、良好な関係を続けられるようにすることをお勧めします。

転職の女神からのメッセージ

辞める会社であっても信頼関係は保っておいて！

第3章

リミットレス転職への準備
——自己分析に活かしたい14の新常識とキーワード

職務経歴書／強み／生涯年収／人間関係メンテナンス／原点ストーリー／セルフブランディング／パーパス／リスキリング／アンラーニング／MBA／Will・Can・Must／ライクワーク／共創力／計画的偶発性

01

残念な「職務経歴書」から卒業しよう
——5ステップのキャリア棚卸し

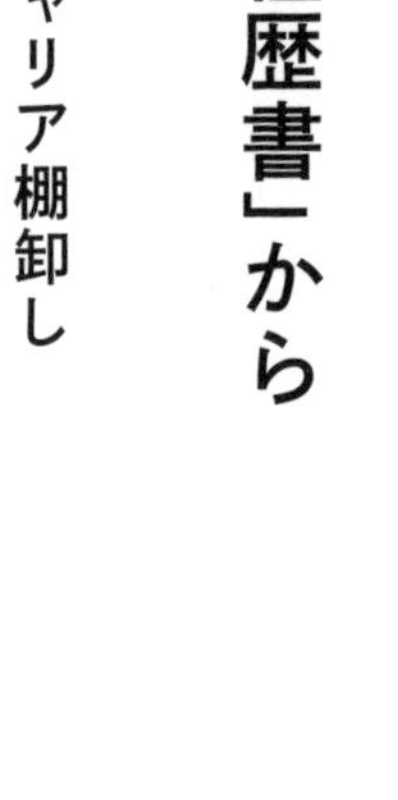

転職エージェントという立場上、これまで何万枚もの**「職務経歴書」**を見てきました。その経験から言いますと、**初めて転職活動に臨む人が独自で作成した職務経歴書は、「強みが伝わらない」ものが大多数**です。

面談でじっくりお話を伺ってみると、「それはすごい経験ですね！」「このスキルは転職市場で希少価値が高いです！」と感服するような経験やスキルを持っているにもかかわらず、職務経歴書を見るとなぜか残念感が漂っている……ということが少なくないのです。

現在は転職を具体的に考えていなくても、人生100年時代、いずれは転職したり、副業（複業）を持ったりする可能性は十分あると思います。

その際、「職務経歴書」の提出は必須。作成するとなると、社会人1年目時代にさかのぼって経歴を記さなければなりません。いざ作成しようとした際に「覚えていない！」と

いうことがないように、早い段階で整理しておくことをお勧めします。

というわけで改めて、リミットレス時代における転職の成功に向けて、5ステップで行うキャリア棚卸しとおさえておきたい必勝ポイントをお伝えしましょう。

STEP 1 経験した部署・業務内容をすべて書き出す

必勝POINT **ニッチな経験を見逃さない**

まずはこれまで所属した部署と、業務内容・ポジション（チームリーダーなど）をすべて書き出します。

このとき「補助的」に行った業務も漏らさずに書いてください。例えば、「他部署のプロジェクトを3カ月間だけ手伝った」「派遣スタッフの教育係を務めた」というものも書き出します。実は、そうした経験が思いがけずプラス評価されるケースもあるのです。

STEP 2 経験した業務内容の詳細を整理する

必勝POINT **共通点を見つけやすく**

経験した業務1つひとつについて、その内容を詳細に書き出します。このとき「5W1H」をベースにすると整理しやすいでしょう。

5W1Hとは情報をわかりやすく伝達するための手段として、もともとは新聞記事を書く原則とされたもの。ビジネス現場でも報告書作成や状況説明で活用されています。

- いつ（WHEN）
- どこで（WHERE）
- 何を（WHAT）
- 誰に（WHO）
- なぜ（WHY）
- どのように（HOW）

例えば「食品メーカーの営業」だとすれば、次のように整理します。

- いつ……顧客を長期的にフォロー　※商談期間やプロジェクト期間
- どこで……北関東エリアを担当
- 何を……加工食品を
- 誰に……量販店の本部バイヤーに対して（エンドユーザーは消費者）

・なぜ……既存商品の売上拡大／市場リサーチのため
・どのように……定期的に訪問し、販促手法を提案

このように5W1Hで整理しておくメリットとして、採用担当者にあなたの仕事内容が伝わりやすくなるだけでなく、「志望企業との共通点を見つけやすくなる」ということがあります。

例えば、商材がまったく異なる企業でも、「ターゲット顧客は同じ」「売り方は同じ」といったように、経験を活かせるポイントをピックアップし、それをアピール材料として使用できるというわけです。

STEP 3 上げた成果とそのプロセスを明確にする

必勝POINT ノウハウがあることを伝える

それぞれの部署・業務において「上げた成果」も書き出します。

なお、数字で表せるものはしっかりと記録しておいてください。営業やマーケティングなどなら「売り上げ○％アップ」「新規顧客を○件獲得」、管理部門職などなら「業務改善の結果、○％のコスト削減」「従業員の満足度○％向上」といったように。

「社長賞を受賞」「営業成績1位」などと記載している職務経歴書もよく見かけますが、読み手にはその「価値」がどれほどのものなのか伝わりません。「社長賞」は、毎月複数の人に授与されるものなのか、年1回・社内で1人だけが授与されるものなのか、「1位」とは10人中1位なのか100人中1位なのかで価値は大きく変わりますよね。難度について、読んだ相手が納得できるようにしておいてください。

さて、職務経歴書に記載するのはここまでですが、「成果」については、「なぜその成果を上げられたのか」を振り返っておくことが大切です。

つまり、志望企業の面接で「この成果をどのようにして上げたのですか?」と質問された場合にもしっかり答えられるように、整理・言語化しておくのです。

これが整理できていないと、とっさに「いやー、連日残業して頑張りました」「チームの皆が支えてくれたおかげで」など、曖昧なことを言ってしまいがち。それでは、「この人のなかで、成功体験はノウハウ化されていないのか。だとすると、うちの会社では再現できないかもしれない」と思われてしまいます。

企業側は「やったこと」と「できること」は別物だと考えています。上げた成果を通じ、その「手法」や「ノウハウ」をしっかり自分のものにしているかどうかの〝再現性〟を見られますので、そこをしっかり語れるように準備しておきましょう。

「PDCAをどのように回したか」「どんな人をどのように巻き込んで協業したか」「どのような壁にぶつかり、それをどう乗り越えたか」などについて整理しておいてください。

STEP 4 「メンバー育成経験・スタイル」を言語化しておく

必勝POINT 社外の経験もOK

30代以上になると、採用選考では「リーダーシップ・マネジメント力」も注目されるポイントです。「部長」「課長」といった役職に就いた経験がなくても、マネジメントの素養はチェックされますし、それが認められて「リーダー」「マネジャー」のポジションで採用されるケースは多々あります。

「チームの後輩などに対し、どのように接し、指導してきたか」「プロジェクトの責任者としてどのようにメンバーのモチベーションを上げる工夫をしたか」など、人材育成の経験やチームマネジメントについて、自分なりに工夫したこと、自分ならではのスタイルを言語化しておきましょう。

また、職場での経験値だけでなく、副業先のNPOやボランティアの現場、外部のコミュニティなどにおいてリーダーやマネジメントを務めた経験は評価の対象になることもありますので、補足として記載することをお勧めします。

STEP 5

「失敗経験」を振り返っておく

必勝POINT レジリエンスがあるかどうか

実は、採用面接においては、「成功体験」だけでなく「失敗体験」「挫折体験」や「修羅場体験」などを聞かれることもあります。

変化が激しい今の時代、企業が人材に求める要件の1つに「レジリエンス」があります。レジリエンスの本来の意味は、「復元力」「回復力」「弾力」など。困難な状況やストレスに直面しても、柔軟に対応できる力を指します。

企業は、失敗体験を尋ねることで、その人が危機的状況に陥った時、どんなマインドでどう行動するのかを知ろうとしています。

この質問をされて「いや、特にないですね」と答えるのはNG。失敗した経験がない人などまずいないのですから（仮にいたとしたら、リスクを取ってチャレンジした経験がない、ということになります）、「ない」と言い切る時点で不信感を抱かれてしまいます。

失敗体験を振り返ることは、自分が学んだ経験を客観視して認識することでもありますので、「なぜ失敗したか」「どうカバーしたか」も整理してみてください。

また、自分の過去の経験や持っているスキルで通用しなかったような、修羅場や試練と言えるような経験を振り返ることも重要です。それはあなたがいかにコンフォートゾーン（快適な場）から抜け出しチャレンジしたかということのエビデンス（証拠）にもなるのです。

キャリアを振り返り、整理していくなかでは、「ストレスを感じた業務・場面」「ワクワクした業務・場面」なども意識してみてください。自分は仕事において何に喜びを感じるのか、何がしたいのか、自覚できると思います。それを次の会社選びにも活かしてくださいね。

なお、このステップを経て書き出した経歴は、すべて職務経歴書に記載する必要はありません。転職活動に臨む際は、志望する業界・職種・企業に応じて、そこで必要とされる経験をピックアップし、厚めに記載するようにするといいでしょう。

繰り返しお伝えしていますが、中途採用においては「資格」より「実務経験」が重視されます。これまでの経験と無関係な資格を書き連ねるより、今回お話ししてきたポイントをおさえながら実務経験を詳しく書くことを心がけてください。

転職の女神からのメッセージ

「やった」だけでなく「できる」を伝えよう！

02

面接で「強みを全アピール」は大誤解！

――内定確度を上げる4つのポイント

転職活動の成否を左右するのが「面接対策」です。さて、あなたが志望企業に応募し、面接に進めることになったら、どんな準備をしますか？　そして当日、何を伝えますか？

実はここで、ある「誤解」によってつまずく人が少なくありません。

その誤解とは、「自分が**強み**とするスキル・成功体験を全力でアピールしなければ！」というもの。もちろん、5ステップのキャリア棚卸しを踏まえて、スキルや実績を伝えることは必須であり、とても重要です。

でもはっきり申し上げますが……。

「それさえしっかり準備しておけばいい」と思うのは大きな誤りです。

スキル・実績のアピールだけに集中した結果、白々しく聞こえてしまい本来の強みが伝わらなかったり、予期せぬ質問をされて戸惑いグダグダになってしまったり……結果、チャンスを逃してしまうことも多いのです。

では、スキル・経験を伝える以外に、どんな準備をしておけばいいのでしょうか。面接で特におさえておいていただきたい4つの必勝ポイントをご紹介します。

「それはすごいですね」で終わってしまう人

必勝POINT 相手目線がほしい

自分が強みとする経験・スキルをアピールすることに終始し、「相手企業のニーズ」という視点が抜け落ちている方は、けっこういらっしゃいます。

けれど、面接で伝えるべきは「自分が自信を持っていること」ではなく、「相手企業が求めているものとの親和性があること」なのです。

どんなに優れたスキル・実績をアピールしても、相手企業がそれを必要としていなければ「それはスゴイですね」と褒められておしまい。採用には至りません。

ですから、求人票や採用情報ページに書かれている募集要件を読み込むのはもちろん、ホームページやIRページ、社長インタビュー記事などからも、相手企業が課題と感じていること、今後注力しようとしていることをつかんでください。

そこから、どんな人材を求めているかを想像し、自分の経験・スキルの中から合致する要素をピックアップして、それを重点的に伝えるようにしましょう。
極端な例を挙げるなら、「社長賞を受賞した大型プロジェクトのリーダー経験」より「半年間だけ他部署のプロジェクトを手伝った経験」のほうが高く評価されることだってあるのです。

●「何ができるか」だけでなく「何をやりたいか」を

必勝POINT 成長性がほしい

ある企業の求人に次の2人が応募し、面接でこう語りました。

Oさん「○○分野で8年間、○○○、△△△の業務を経験してきました。これらの経験を活かしていきたいと思いますが、御社にはどんなポジションがありますでしょうか」
Pさん「○○分野で2年間、□□□の業務を経験しました。今後は△△△まで経験の幅を広げていきたいと考えています。御社がこれから取り組もうとされている△△のマーケット開拓のプロジェクトに強い興味があり、ぜひ携わりたいと思っています」

経験・スキルはOさんのほうが豊富で、入社後は即戦力になり得ました。しかし、採用されたのはPさんです。この2人の違いを、あなたはどう感じましたか？

採用担当者は、Oさんをこう評しました。「『何ができるか』は分かったけど、『何がやりたいか』が分からない。受け身の姿勢で、今後の〝伸びしろ〟が感じられない」

一方、Pさんはその企業を研究していて、「これがやりたい」という志望動機が明確であること、成長への意欲が評価されました。ものすごいスピードで変化が激しい時代において、いわゆる経験豊富な〝完成された人〟ではなく、〝伸びしろ〟がある人が採用される傾向が強くなったと感じます。

企業は、「これがやりたい」「こうなりたい」という目的意識を持っている人に対し、「成長性」を感じます。つまり、「○○ができます」だけでなく、「○○がやりたい」「○○ができるようになりたい」「○○になりたい」まで語れてこそ、相手の心に響くのです。

また、企業側が提供できるフィールドとやりたい方向性に親和性があるかどうかというポイントも重要です。

「成功」より「失敗」を企業が聞きたがるワケ

必勝POINT　失敗体験がほしい

面接では皆さん、「成功体験」を語りたがります。反対に、「失敗経験」はなるべく隠しておきたいと思っていませんか？　でも、企業から「失敗体験」を尋ねられることは、けっこうあるのです。

別に「いじわるしてやろう」とか「粗探しをしてやろう」というわけではありません。その人の「失敗の乗り越え方」「失敗から何を学んだか」に注目しているのです。どんな試練や挫折を経験したか、どんな修羅場があったか、そしてそれをどう克服したかの経験エピソードからは、その人の人間性や礎になる胆力といったものが垣間見えるからです。

失敗の経験を聞かれたとき、「いやぁ、特にありませんね」なんてごまかすのはNG。失敗した経験がない人なんていないのですから。「ない」と答えたら、逆に「仕事の振り返りや反省ができない人なのだろうか」と不安を抱かれてしまいます。

「嫌なことはすぐ忘れるようにしている」という一見ポジティブなマインドセットをアピールしたい方もいるかもしれませんが、相手の捉え方は「現実逃避しているだけ」と、意外とネガティブだったりします。

もしくは、「本当に覚えていない」という方もいるかもしれませんが、面接前に一度振り返っておきましょう。面接で必ず聞かれるとは限りませんが、準備しておくに越したことはありません。

「失敗を招いた原因をどう分析したか」「どのように対処したか」「その失敗から何を学ん

だか」を振り返って整理しておくことをおすすめします。これまで意識していなかった自分の強みに気づくきっかけにもなるかもしれません。

「○○を成功させました」では不十分

必勝POINT 再現性がほしい

「私が企画した商品がヒットし、1年で○億円の売り上げを達成しました」

「私が立案した営業戦略をチームで実践し、全国トップの売り上げで表彰されました」

例えば、このような実績を持っていたら、面接では胸を張ってアピールしたいですよね。でも、採用相手の企業からはこんなツッコミを受けるかもしれません。

「それって、今（前）の会社だからできたことなのでは？」

今（前）の会社が大手企業である場合、「会社の看板やブランド力のおかげで売れたのでは？」「CMやプロモーションに潤沢な費用を投じられたから売れたのでは？」「チームメンバーが優秀だから戦略を確実に実行できたのでは？」。

相手企業はそんな目であなたを見ています。

応募先が中小企業や成長途上のスタートアップなどであれば、「予算がなくても、人材不足でも、成果を上げられるのか？」を問われます。つまり、成功体験を場所が変わっても「自社で再現できるか」ということ。

ですから、成果・実績だけをアピールするのではなく、そこに至ったプロセスも語れるようにしておきましょう。例えば、「どのように着想を得たか」「どんな戦略を立てたか」「どんなふうにして独自の工夫を凝らしたか」「推進のために周囲をどう巻き込んだか」「壁にぶつかった時にどう乗り越えたか」など。

その経験が自分の中でノウハウ化、メソッド化されていれば、「自社でも再現してくれそう」と期待を持ってもらえます。

相手目線、成長性、失敗経験、再現性――。ここぞという面接の際にはこの4つの必勝ポイントを意識して、ぜひ役立ててみてくださいね。

転職の女神からのメッセージ

自己アピールでは「相手のニーズ」を意識して！

03

「年収ダウン」もいったん受け入れる
――「生涯年収」を見極める3つの軸

転職を思い立つ場合、「せっかくなら年収を上げたい。それが無理でも現状は維持したい」と思うのは当然のことです。

しかし、年収ダウンとなっても転職に踏み切ったほうがいいケースもあります。

そこで、「年収ダウン」の捉え方、年収ダウンを受け入れてでも転職すべきかどうかを見極めるポイントについてご紹介します。

●「希望年収額で入社」は自分自身を苦しめることも

まずは、転職時に希望どおりの年収アップを果たしたQさんの事例を紹介しましょう。

Qさんは面接時、前職での実績をアピール。「自分が入社すれば、こんな成果を上げて業績アップに貢献できる」と強く訴えました。企業側としては採用予算をオーバーする額でしたが、期待を込めてQさんの要求を受け入れました。

ところが、Qさんは想定した成果を上げられないまま時間が過ぎていきました。経営陣からの「高い給与を払っているのに」という視線にプレッシャーを感じ、焦るあまり空回りしてばかり。いたたまれなくなって会社を去ることになったのです。

実はQさんのように、高年収で迎えられたものの、「報酬に見合う活躍」という期待を背負うことでプレッシャーとなり、自身を追い詰めてしまう人は少なくありません。

もしQさんが、企業側の予算に合わせ、前職より年収額を下げて入社していたとしたらどうでしょう。

企業側には「年収を下げて入ってくれた」という申し訳なさや感謝の念がありますから、早急な成果を求めず、やや長い目で見てくれる可能性があります。Qさんはプレッシャーを感じることなく、伸び伸びと働いて本来の力を発揮していたかもしれません。

このように「入社後のハードルを上げない」という点では、年収ダウンを受け入れるのも得策と言えます。

企業側も、実力のほどがつかめない人に高額の給与を支払うことをためらいます。

まずは控えめな金額からスタートし、成果を上げたら引き上げてもらう約束で入社したほうが、企業側にとっても自分にとっても気が楽というもの。

「これだけの成果を上げれば、この金額にアップ」といった約束を取り付けたうえで、年収ダウンを受け入れるのも1つの考え方だと思います。

●入社前には「人事評価制度」の確認を

ここからは、「年収ダウンとなっても転職する価値があるかどうか」を判断するポイントについてお話ししましょう。

まず、目を向けるべきは**「生涯年収」**です。転職する際、一時的に年収が下がったとしても、入社後に上げていき、最終的な生涯年収が現職にとどまり続けるよりも多くなるのであれば、そのほうがいいと思いませんか？

では、転職後に年収が上がっていくかどうかを見極めるにはどうすればいいか。注目したいポイントは「人事評価制度」「事業の成長性」「身につくスキル」の3つです。

前にも触れたとおり、人事評価の指標、そして評価がどのように報酬に反映されるかは企業によって大きく異なります。

スタートアップなどでは、1年に1回と言わず、2〜4回評価のタイミングがあったり、基本的に社長の判断で昇給・昇格が実施されるケースもあります。成長中の企業では、入社からわずか1〜2年で年収が数百万円上がることも珍しくありません。

実際、私が転職のお手伝いをした経営企画職のRさんの場合、前職では年収1000万円でしたが、スタートアップへの転職時、「800万円」のオファーを受け入れて入社。成果を上げて、入社1年後には年収1100万円にアップしました。

その一方、一見すると給与水準が高く見えても、昇給ペースが非常に遅い会社もありますので、注意が必要です。

人事評価制度や給与体系は、まず企業の採用ページで確認しましょう。「○歳／入社○年／年収○○万円」など、実際の入社者の年収例が記載されていれば、参考になります。

面接でしっかり人事評価制度について確認したり、「年収○○万円を目指すとしたら、どんな成果を上げれば叶いますか」といった質問をしてみるのも手です。向上心を感じられる質問なので、決してマイナスの印象を与えることはないと思います。

なお、人事評価制度に基づく昇給のほか、業績好調なら「決算賞与」、IPOを果たせば「ストックオプション」として、最近は上場企業や外資系企業でも株式報酬などでまとまった金額を手にできることもあります。

「今後の事業の成長性」も将来のトータル年収に大きく影響しますので、その会社のビジネスモデルや技術力の優位性、置かれているマーケットの成長性にも注目しましょう。

●「稼ぐ力」を身につけられる転職かどうか

年収ダウンしても転職する価値があるかどうかを判断するもう1つのポイントが「身につくスキル」です。

年収ダウンとなっても、転職先企業で身につけたスキルを活かして、その後の転職で年収アップを図れるか。あるいは、スキルを活かすことで「ビジネス寿命」が延び、長く収入を得続けられるか、ということです。

代表例として挙げられるのは、スタートアップへの転職。まだ売り上げが上がっていない状況では中途入社者に十分な報酬を提供できないため、入社する人は年収ダウンとなるケースがほとんどです。

しかし、スタートアップでのビジネスモデル開発、マーケット開拓、ゼロからの仕組みづくり・組織づくりの経験を通じて身につけたスキルは、転職市場で高い価値を持ちます。そこでの修羅場体験や「生みの苦しみ」といった経験により胆力もつくでしょうから、マインドセットの面でも大きな価値となります。

仮にそのスタートアップが成長を遂げられなかったとしても、別のステージでそれらを活かせる可能性があります。

実際のところ、現在スタートアップ等でCxOとして幹部ポジションで活躍している方々には、過去に年収ダウンしながらもそういった未整備な企業に飛び込んだ経験を持つ方が多くいらっしゃいます。

このように、転職に際しては、「希望年収を出してくれる会社か」だけを見るのではなく、「入社後に年収を上げていける可能性があるか」「年収に代わる〝市場価値〟を上げていける経験が積めるか」に目を向けてみてください。

●年収ダウン転職を決意するなら、家族との相談も重要

さて、将来の可能性を見越して「年収ダウン転職」を決意したとしても、家族の同意を得られなければ頓挫してしまいます。

何年後かには前職年収に戻る、あるいは上回る見込みがあること、長い目で見てプラス

になることを説明したうえで、協力を得られるようにしましょう。

配偶者がいる方であれば、以下の点を事前に相談しておくことをお勧めします。

- 最低限、いくらの年収が必要なのかを算出しておく（住宅ローンや教育費など）
- 不足する分があれば、どうカバーするかについて合意を得ておく（副業で加算する、いずれかの支出を減らす、配偶者が収入を増やす、など）

お金は「目的」ではなく、理想のライフスタイルを実現する手段だと思います。その時々の優先順位を見極め、バランスをとってくださいね。

転職の女神からのメッセージ

「現年収」より「生涯年収」をイメージしよう

04

30代以降は〝人脈〟が武器になる
――転職挨拶は「人間関係メンテ」の大チャンス

新しい職場に入る前の1カ月間、あなたは何をしますか?

「業務の引き継ぎだけでいっぱい、いっぱい」「有休消化で休みを取り、リフレッシュする」、なかには「4月から手がける仕事について知識をキャッチアップしておく」という方もいらっしゃるかもしれません。

しかしもう1つ、職場が変わるタイミングで、ぜひしておきたいことがあります。それは**「人間関係メンテナンス」**です。

● 転職先はあなたの「人脈」にも期待

「これからは〝個〟の時代」などと言われていますね。所属する企業の看板だけで仕事をしたり、キャリアを築いたりすることが難しくなっていきそうです。だからこそ、個人で人間関係を築き、ビジネスで協力し合える仲間とつながっておくことはとても大切です。

あなたが新しい職場で仕事を始めたとしましょう。その1～2年後、何らかのプロジェクトを担当することになり、「あの人が詳しそうだから情報を得たい」とコンタクトを試みたとします。

その際、もしも相手にあらかじめ転職の報告をしていなかったら？「転職の報告もしてこなかったのに、都合のいい時だけ利用しようってわけ？」なんて思われ、協力を取り付けられない可能性がなきにしもあらず、です。

特に30代以上ともなると、転職先企業ではこれまで築いた人脈やネットワークを活かすことも期待されます。**ビジネス上にしろ、個人的にしろ、これからもお付き合いを継続したい人とは、このタイミングでの挨拶やコミュニケーションに一手間かけることをお勧めします。**

● 退職挨拶へのリアクションから分かる相手の気持ち

まずは基本中の基本として大事にすべきことは、これまで仕事で関わった社内外の人たちへの「退職挨拶メール」「退職挨拶ダイレクトメッセージ」です。ここで、あなたがこれまで退職の挨拶を受ける側だった時のことを思い返してみてください。

退職当日に「本日をもちまして〜」とメールを送ってくる人、退職数週間前に「今月末をもちまして〜」とメールを送ってくる人、デスクまで直接伝えにくる人、ランチや飲みに誘って報告する人など、さまざまだったと思います。

メールの内容も、定型の挨拶文をＢＣＣで一斉送信する人もいれば、個人的に思い出話を添えたメッセージを送る人も。

そうしたアプローチの仕方で、相手が自分をどれほど思ってくれているか、尊重してくれているか、感じ取ったことがあるのではないでしょうか。

自分が退職・退任の挨拶をする立場になったなら、忙しくても挨拶には手を抜かないようにしたいものです。

「この人は」と思う人には個別に、せめて退職1〜2週間前には連絡し、感謝の気持ちを伝えましょう。この時は簡潔な文章で済ませたとしても、「新しい職場で落ち着いた頃に、改めてご挨拶差し上げます」などと添えておけば、後々、近況報告のコンタクトもとりやすくなります。

退職を報告すると、リアクションも人それぞれ。私自身も異動・出向・転籍・独立起業などを経験してきましたが、ご報告すると丁寧に返信をくださる方もいて、「この人は私に対してこんな想いを持ってくださっていたのか」「こんなふうに評価してくださっていたのか」と、気づきを得たことも多数ありました。

こちらから丁寧に挨拶をすれば、相手も丁寧に返してくださることは多いもの。そのやりとりを通じて、今後もお付き合いを続けたい人、続けるべき人は誰なのかが見えてくるかもしれません。

「これまではビジネス上のお付き合いだったけれど、今後は『人と人』として関係性を発展させていきたい」と感じる相手がいたら、ランチや飲みに誘うのもお勧めです。

業務の引き継ぎなど、後任者を交えて会う場では、新たな職場の話はできないでしょう。「これまでのお礼をかねて、ランチをごちそうしたい」などとお誘いし、オフの場で今後の仕事や目標などについて伝えてはいかがでしょうか。

●SNSで発信したい2つのこと

昨今では、SNSで転職の報告をする方法もあります。これについてはタイミングに注意。「退職してから」「退職前でも可」など、企業によってルール、あるいは暗黙のルールがあるかと思います。過去に辞めた人の前例も参考にして、タイミングを図りましょう。

ちなみに私が前職（リクルートのグループ会社）を辞めたのは「9月末日」。あらかじめ挨拶文章を作り込んでおき、10月1日に日付が変わった瞬間に投稿しました。単なる退職の挨拶だけではなく、「今後の抱負」を表明する内容だったので、スタートダッシュにこだわったのです。

では、SNSでの報告でどんなことを書くか。

まず、前の会社を暗にでも批判するような内容は避けましょう。前の会社に残っている人が見れば不快に感じるはず。それに新しい会社の人にもいい印象を与えません。「お世話になった会社の批判を公言するような人なのか」と不信感を抱かれることもあります。

前の会社に対しては、これまでお世話になったことへの感謝の気持ち、その会社で何を学び、どう成長できたかを綴ることをお勧めします。そうすれば、前の会社の仲間とも良好な関係を保ち続けることができるはずです。

そのうえで、今後どんな会社でどんな仕事をするのかを伝えます。知名度の低い会社であれば、その会社のプロフィールも記しましょう。

この時、「○○業務を担当します」「○○プロジェクトに携わります」だけで済ませたのではもったいないです。その会社でのチャレンジを通じて何を実現したいのか、どんな将来ビジョンを描いているのかまで記してください。

熱い想いや意気込みなどを素直な言葉で伝えれば、必ず響く人がいるはず。共感して「応援したい」と思った人から、「そのテーマならここにいい情報があるよ」「この人に会ってみては」など、後押しするアドバイスが寄せられるかもしれません。

さらには、「自分（うちの会社）と一緒に何かできないか」なんて、思いがけないところからオファーを受け、パートナーを獲得できる可能性もあります。

自分の将来ビジョン、目標、志など、普段なかなか言えないようなことも、「転職」というターニングポイントであれば発信しやすいですし、読む人も受け入れやすいもの。このチャンスを最大限に活かしていただきたいと思います。

転職の女神からのメッセージ

良い情報もチャンスも、運んでくれるのは「人」

05

「何のために働くのか」
――迷ったら自分の〝原点ストーリー〟に立ち返ろう

長い仕事人生のなか、どこかのタイミングで「自分は何のために働くのか」「何のために頑張るのか」について悩むことがあるのではないでしょうか。

置かれている立場・状況はさまざまながら、「何のために働くのか」「何のために頑張るのか」と、今までやってきたことに迷いが生じることもあったかもしれませんね。

そんな時は、自分にとっての「原点」を思い出すことが大切だと思います。その原点さえ忘れなければ、いっとき迷うことがあっても踏ん張ることができるでしょう。

そこで、私自身の**「原点ストーリー」**をお話ししたいと思います。あなたにとって、ご自身を見つめ直すヒントになればうれしく思います。

●1番にはそれだけで価値があるという教え

1番を目指しなさい――。子どもの頃の私は、毎日のように学校に登校する玄関口で「行ってらっしゃい」と一緒に、母からそう言われていました。

ある日「なぜ1番にならないとダメなの？」と尋ねると、母はこう聞き返しました。


「日本一高い山を知ってる？」

「富士山」

「日本一大きい湖は？」

「琵琶湖」

「じゃあ、日本で2番目に高い山、大きな湖は？」

「……」

「ほら、知らないでしょ。1番にはそれだけの価値があり、2番とは大きな差があるのよ」


1番でないと人の記憶に残らない。オリンピックでも、金メダリストと銀メダリストでは人生は大きく変わる。世界で第2位の銀メダリストでもすごいことなのに、中には泣きながら「悔しい」と語る選手の姿があることが証明しています。

「1番でなければ見えない景色がある」。幼心にそう刻まれ、その後の人生で私は常に「1番になる」ことにこだわってきたのです。

また、その「1番を獲ろう」という発想が、人を出し抜いたり、人の足を引っ張ったりする方向へと向かわずに済んだのには、弟の存在があったからです。

●偉人の伝記に見つけた共通点

私が3歳、弟が2歳の時、弟は難病指定の腎臓の病気「ネフローゼ」を発症しました。滋賀県の田舎町の病院では手に負えず、京都の日赤病院に緊急入院。以来、運動も食事も制限され、中学まで入退院を繰り返すことになりました。

年に数回、退院して弟が家で過ごす間、家族の生活は弟が中心となり、両親・祖父母の愛情は弟に向けられました。正直、私ももっと甘えたかったし、寂しい思いもありました。でも、弟はとても大切な存在であり、なにより大好きでした。そこで私は、弟のために姉として自分にできることは何かを考えたのです。

ある年の夏休み、担任の先生に「姉としてできることはないか」と問いかけてみました。先生からの提案は、「偉人の伝記」を読んでみてはどうかというものでした。娯楽が少ない田舎で暮らしていた私の楽しみは、図書館に通うことでもありました。

マザー・テレサ、ヘレン・ケラーなど現世に名を遺す人たちの生き方・生きざまのなかにヒントがあるのでは、という先生のアドバイスを素直に受け入れ、図書館に通いつめ、端から端まで伝記シリーズを読み漁りました。

そうして読んでいくとあることに気づいたのです。偉人として本にまで書かれて後世に名を遺す人たちには共通点がある。自分のための人生ではなく、世のため人のための人生を生きている。世の中をよくするために人生をささげている——。

それが「偉人の伝記」で気づいた共通点でした。損得ではなく、人のため・世（社会）のために人生をかけてエネルギーを注ぐ姿に強い憧れを抱きました。現在も語り継がれ、手本・見本となる生き方に強く共感しました。この頃に、私の人生の指針でもある「人のために・社会のために」という意識と行動が根づいたと思います。

弟や家族への思い、そして伝記で知った偉人の影響で、私の中に自然に芽生えた精神。それを表現する言葉には、大人になってから出合いました。

「利他」の精神。自己の利益より他者の利益を優先する考え方です。ゴミが落ちていたら拾う。困っているおばあちゃんを見かけたら「何かお手伝いしましょうか」と声をかける。そんな行動が私には当たり前のものとなりました。

こうして、「1番になるのは大事。でもそれは、影響力を持って人や社会に利益をもたらすため」という、私の基盤が築かれたのです。

●成功ノウハウを共有することで理念の実現を

就職活動も、「人のため・社会のため」が軸となりました。

人材業界を選んだのは、父の影響です。父は私が小学5年生の時、脱サラをしてインテリア事業を興しました。父は中小企業経営者として、「ヒト・モノ・カネ」という経営資源の中でも、「ヒト」で最も苦労していました。なかなかいい人材が採用できない、採用できても定着しない。嘆く父の背中を、私は見ていたのです。

就活中、「人材斡旋業」「人材紹介業」というビジネスがあることを知り、「父のような悩みを抱える中小企業経営者を人材採用の面から支援したい」と考えました。

「1番」を目指す意識は、社会人になっても変わらず。「1番になるにはどう行動すればいいか」を考えて実践し、1年目に営業成績1位、全社でのMVPを獲得しました。

その結果、得られたものは……「信頼」。「もりちだったら期待に応えてくれる」という「信頼」こそが、1番になることで得られた価値でした。1番になることは目的ではなく、あくまでも手段。結果得られる「信頼」が何よりも大切だと実感しました。

仕事ができる人に仕事が集まることを身をもって体感し、1番の本質的な意味を理解しました。結果、「1番になる」ことが社内での自分ブランドの構築に直結しました。

もし私が「1番になりさえすればいい」という考え方だったなら、「トップセールス」という地位に満足してそこで終わっていたかもしれません。

それが、テレビの経済番組や人物紹介番組に取り上げていただいたり、月10〜20本もの講演を依頼いただけたりするまでになれたのはなぜか。それは、「利他」というマインドセットがあったからだと思います。

私が目指したのは、企業と人が出会い、共に成長していける世界の実現です。人と企業のベストマッチングを、1件でも多く生み出したいと考えていました。

けれど、そんな理念を実現するには、自分ひとりの力では限界があると感じました。

●起点となったのは利他のマインドセット

ある時、1カ月の成約件数の平均値をベースに、それを60歳まで続けた場合、何組のマッチングを成立させられるかを計算したのです。「この程度の数にしかならないのか」と愕然としました。

これを10倍にするにはどうしたらいいかを考えた結果、「私がやるべき仕事・やりたい仕事に集中できる体制を構築すること。ノンコア業務を人に任せ、まさにコア業務に集中できる体制をつくればいいのではないか」と思い立ちました。

そして、まだ入社3年目ながら、会社に「私にアシスタントをつけてください」と交渉したのです。「それで成果が上がれば、すべての営業組織に導入してください」と。「試してみよう」と、提案は受け入れられましたが、「業績が倍以上になることを証明しなければ、全社までは広げられないよ」と上長。

となれば、必死に頑張るしかありません。結果、経営トップを納得させられるだけの成果が上がり、アシスタントによるサポート体制は全社に導入されました。

そのほか、自分の営業活動の成功体験から得たナレッジやノウハウを、他のメンバーも再現できるよう「型化」し、勉強会を開いて共有しました。私ひとりだけではなく、同じ転職エージェントである同僚と一緒に視座・レベルを向上することで、より多くの最適なマッチングが生み出せると考えたからです。

私自身が成果を出していたことがエビデンスになり、勉強会の参加者は回を重ねるごとに増えていきました。ラッキーだったのは、リクルートという会社は、「組織貢献」に対する評価のウエイトがかなり高かったこと。ナレッジやノウハウをシェアすることが、組織貢献に直結し、評価アップにもつながりました。そうなるとより加速します。

すると、他部署からも「勉強会を開いてほしい」と依頼されるようになり、やがて地方支社、さらに組織の枠を超えてリクルートグループ各社からも声がかかるように……。

このように、社内における「森本千賀子ブランド」が確立され、それが社外にも伝播し、私の世界は大きく広がっていったのです。

私の体験は、まさに「利他」のマインドセットが起点となっています。

これから世界がどんなに大きく変化しようとも、自分の立ち位置が変わろうとも、すべての判断軸は「利他」にあります。そのマインドセットを大切に、キャリアを築いていきたいと思っています。

これが、私の「原点」ストーリーです。
あなたにとって、仕事を選ぶきっかけとなった「原点」は何ですか？
仕事や生き方において「大切にしてきたこと、大切にしたいこと」は何でしょうか？
今後の選択肢に迷いが生じた時、そこに立ち返ってみてはいかがでしょうか。

転職の女神からのメッセージ

自分の「軸」を認識しておけば、道に迷わない

06

「会社の看板」を捨てる
――「セルフブランディング」5つの中長期ビジョン

先にお話ししたとおり、私が現在のキャリアにつながる道を歩み始めた原点は、「1番を目指しなさい」という母からの教え、そして、難病の弟のためにできることを実行するうちに芽生えた「利他の精神」にあります。

「利他の精神」での行動が、結果的に**私というブランドの確立＝セルフブランディング**につながったと考えています。「1番を目指す」というスタンスで仕事に向き合った私が、どんなキャリア戦略を描き、どのようにそれを実現してきたかをご紹介します。

● 入社初日から「セルフブランディング」を意識する

子どもの頃から、母の影響で「1番になる！」と意識していた私は、「できるorできない」ではなく「できる方法を考える」クセが身についていました。

複数の選択肢が目の前にやってきた時は、自分にとって「ハードだな」と思うほうを選んできました。まさにコンフォートゾーンを抜け出すということです。

なぜなら、そうして努力することで成果が上がり、自分が成長できることを何度も体験していたからです。「努力する」→「達成する」→「快感を得られる」→「努力する」のサイクルが、子どもの頃から回っていたんですね。

学生時代もそのようにして過ごし、社会人になった時、「1番になる」に加え、新たな目標が生まれました。それは「森本千賀子ブランドを築く」ことです。

それは、新卒でリクルート人材センター（現：リクルート）に入社した初日から始まりました。配属先のマネジャーから言われた一言が、胸に刻まれたのです。


「リクルートの看板で仕事するな」


つまり、お客様から「リクルートに依頼する」ではなく、「〝森本千賀子〟に任せたい」と思われるビジネスパーソンになれ、ということです。

実際、リクルートでは40歳くらいまでに転職や起業をする人が大多数でした。リクルートでは退社のことを「卒業」と表現します。卒業後とはまさに、「リクルートの〇〇」ではなく、看板のロゴが変わっても看板がなくなっても自身の名前で勝負していくこと。そんなカルチャーのなかで、私は自分のブランドをいかにしてつくるかを考え、実行し始めたのです。

そして26歳の時、数十年先まで目を向けて、中長期キャリアビジョンを描きました。きっかけは友人から誘われたセミナー。土日2日間・10数万円という高額なものです。20代半ばの私には思い切りが必要な投資でしたが、不思議と背中を押されたような感覚で、「これは受けなければならない」と直感し、参加しました。

そこで学んだ成功法則をさっそく実践。「自分がありたい姿」を100個書き出し、目標に向けてのマイルストーンを設定しました。

30歳で『日経ウーマン』に掲載され、それを見た人からビッグチャンスにつながる依頼を受ける。

40歳でテレビ番組にコメンテーターとして出演。社会に向けて自分の想いを発信する。

その目標を日々意識して過ごしていたら、本当に実現してしまいました。

31歳で〝森本千賀子〟個人として『日経ビジネスアソシエ』の取材を受け、それを見た昔のお客様とのご縁が復活。以降、さまざまなメディアから取材依頼が寄せられるようになったのです。

42歳で、NHK『プロフェッショナル～仕事の流儀』という番組に取り上げていただき、さらにそこから多数のご依頼、出版、講演などへの活動へと広がっていきました。

ちなみに、60歳・還暦を迎えた時の目標も26歳の頃に設定済み。〝これまでお世話になった方3000人を集めて「感謝の会」を開く〟、という目標です。〝赤いちゃんちゃんこ〟に代わって真っ赤なドレスを着て、皆さんに感謝の気持ちを伝え、おもてなしする、と(笑)。

その目標達成に向け、さまざまな分野の人々とのネットワークを広げ、信頼関係を築くことに力を注いできたし、今も継続しています。

●キャリアビジョンの実現につながる5つの戦略・行動

では、自分ブランドを確立し、描いたキャリアを実現するために、私がどんな戦略を立てて実行してきたか？　とてもこだわっていたテーマですので言い出したらきりがないのですが、今回は5つのポイントをご紹介します。

1 絞る――社内に「得意な人」がいない領域を探し、自分が第一人者になる

法人営業としてキャリアのスタートを切った新人時代、社内の他の人が手をつけていない領域を探しました。そして先輩たちが難度が高い領域として、社内に「専門家」「第一人者」と言える人がいなかった「流通業界」を重点的に攻めることにしました。

そして、大手コンビニチェーンの受注獲得に成功し、社内で注目を浴びることに。加えて、コンビニ業界をはじめとする流通業界のニュースを常にキャッチアップして、同僚たちに発信していました。結果、「森本と言えば流通」「流通と言えば森本」と、流通業界関連の情報や案件が私に集まるようになり、業績アップにつながったのです。まさに「希少性」を価値に変えました。

2 つなぐ――社内人脈を築き、情報や案件が集まってくるようにする

より多くの情報や案件が自分のもとに集まるようにするためには、まずは社内人脈を広げることが重要と考えました。

そこで、自ら「7月生まれの会」「〇〇沿線住人の会」「関西エリア出身者の会」「ワーキングペアレンツの会」などを企画。

該当する社員を集めることで、普段接点がない他部署のメンバーとも交流する機会をつくりました。それにより、社内各部署からさまざまな情報が集まるようになったのです。

そのほか、人事部の人が「人事制度の見直しをする」、システム部門の人が「社内システムを改善する」、などの目的で社員の声をヒアリングする際には、率先して協力しました。特に、広報部門の人がメディアから取材を受けるにあたり、現場の生の声が必要となった際には、いつも私に声がかかったので、積極的に引き受けました。それは、営業活動の時間を割かれ、「余計な仕事」とも言えますが、私にとってはメディアの方と人脈をつくれる絶好の機会だと捉えたのです。

システム部門に日頃から協力していたことで、仕事の効率化につなげられた経験もあります。一時期の私は、同僚と比べて2倍どころか、数倍の仕事量をこなしていたのですが、当時の社内業務システムでは機能が足りず、著しく生産性が落ちるのが悩みでした。とはいえ、大企業において一個人の要望でシステム変更するなど至難の業でもあり、全社的なシステム改訂には相当な時間がかかります。

そこで、気心の知れたシステム部員にお願いをして、独自の機能を追加したデータベースの構築を依頼したのです。普段から協力的な私の相談ごとは、予想外に快く受け入れられ、独自にカスタマイズしたシステムで業務に対応できるようになり、事務処理の効率をかなり高められたのです。

このように、他部署に協力してネットワークを広げておくと、私が困った時には快く相談に応じてもらえたり、新しい情報をもらえたりするように。

こうして、さまざまな部署・職種の人とコミュニケーションをとり、社内での存在感を強めていきました。

3 広げる――自分のキャリアプランを上司に発信し続ける

会社で決められている人事評価面談とは別に、私は個人的に上司への面談を申し出ていました。自分の今後のキャリアプランを伝えるためです。プレゼンテーション資料まで作成して、見せながら「自分はこれからこんなふうにセルフブランディングしていきたい、そのためにこんな経験を積みたい」と訴えました。

面談を申し出るタイミングは、組織変更や人事計画の策定が始まるシーズンの少し手前。ランチなどに誘うと、上司は断れないものです。

時には役員クラスにもアプローチ。役員ともなると一社員からランチに誘われるようなことはめったにないので、珍しがられました。「現場で起きていること、お客様の声を共有します！」と申し出ると「ぜひ聴きたい」と歓迎されるのです。その機会に、自分のキャリアプランも伝えました。

人事異動などはブラックボックスで、根拠がよく分からないことは多々あります。ただ、機械ではなく人が決めること。異動やミッションの割り当てに、自分の希望が反映され、描くキャリアプランに近づけた事実からも、効果はあったと確信しています。

④ 動く──会社の「評価軸」を理解し、それに沿う行動・取り組みをする

どんなに努力しても、その行動や結果が「会社が価値を置いているもの・重視しているもの」と一致していなければ、プラス評価に至らないものです。

そこで私は、「人事評価」「表彰」「MVP選出」などにあたり、どんな点がチェックされているのか、「評価指標・価値指標」をしっかり調べ、確認しました。

すると、会社として大切にしている価値観が見えてきます。その指標を意識してそれに基づく行動を心がけたのです。

前にも触れましたが、「勉強会を開いて、自分の成功体験から得たナレッジ・ノウハウを同僚たちに共有する」という活動を展開したことは、結果として「組織貢献」を高く評価するリクルートにおいて、セルフブランディングの促進につながりました。

まさに評価が上がるなかでチャンスと言える仕事の機会が舞い込み「仕事ができる人に

仕事が集まる」ということを体感し、さらに拍車がかかったのは言うまでもありません。

5 手放す――「成長」につながるなら不本意なミッションも受け入れる

先ほど、「森本と言えば流通」と言われるセルフブランドを築いたことをお話ししましたが実はその数年後、流通業界のお客様をすべて手放したのです。

それは会社から部門異動を命じられたから。まさに荒野を開拓し、種を撒き、せっせと水をやりながら育て上げ、ようやくたわわな実を収穫できる……そんなタイミングでした。

「せっかく自分のブランドも確立できたのに！」と強く反発し、異動の内示を受けたその日はそのまま家に帰ってしまうほどふてくされました。

実は当時、私が在籍していたリクルートの創業者でもある江副浩正さんとご縁があり、まさに社訓になっていた**「自ら機会を創り出し、機会によって自らを変えよ」**というメッセージの意味を教えられたエピソードがあります。

異動の内示を受けたその夜、不満げに江副さんに事情を話すと、「〝創〟という漢字の意味を調べてみなさい」と言われました。翌日、日比谷図書館でいくつもの辞書を引っ張り出して調べていたら、ある辞書にこう書いてありました。

「壊すこと」――。なるほど……。

成功体験にしがみついていたら成長はない。過去の成功体験を壊し、アンラーンすることで新しい自分に生まれ変わるチャンスが訪れる……ということ。

そして、上司から言われた「絶対に君の成長につながる」という言葉を信じ、異動を受け入れることにしました。

新しいミッションは、ベンチャー企業のマーケット開拓。今では「大手」「リーディングカンパニー」となったインターネット企業群がまだ立ち上がったばかりのIT・ネット業界の黎明期時代です。

結果的に業界の成長と連動し、私は大きな業績を上げることができました。さらには、創業者でもあるベンチャー経営者との人脈やネットワークも広がり、仕事の面白みが倍増したのは言うまでもありません。「流通の森本」だった頃よりもはるかに強力なブランドを、社内外に築くことができたのです。

●あなたにとっての「ありたい姿」とは――目標を意識しよう

私は、若手の皆さんからキャリアに関する相談を受けた時、最終的に「どうありたいか」「どうなりたいか」を描いてみることをお勧めしています。

「○年後、○○業界で○○の仕事をしている」といったことではありません。それはあくまでも手段。「その先にどういう社会・世界をつくりたいか、〝DoingではなくBeing〟が大事」と。

目的を意識することで、その達成のために必要な情報への感度が高くなり、目標が明確になりチャンスをキャッチしやすくなります。

と同時に、「変化への対応力」も備えるべきとお伝えしています。コロナ禍を経て、常識も一変しました。予想外のことが起きても、不本意な状況に陥っても、いったん柔軟に受け入れ、まずはチャレンジしてみてほしいのです。

一見、回り道のように見えても、必ず自分の成長につながり、キャリアビジョンの実現につながっていくと思います。

転職の女神からのメッセージ

理想のキャリアを得るには「戦略」が重要!

07

あなたの「パーパス」は？
——キャリアも人生も豊かになるブレない軸の見つけ方

コロナ禍で外出や人に会う機会が制限された時期、ひとりで「キャリア」「人生」を見つめ直した方は多いようです。

どう働くか、どう生きるかを深掘りするうちに、「自分の**パーパス**（人生の目的）って何だろう」と追求し始めた方も……。

実際、転職相談をお受けしていても、以前に比べて「年収・ポジションを上げたい」と希望する方の割合が減り、やりがいを求める方が増えていると感じます。

人生100年時代、70代以降も仕事をすることが当たり前の時代がやってくると、**「パーパス」という軸＝モチベーションの源泉**を持っていないとつらくなるかもしれない、といった声も聞こえてきます。

確かに、私が出会う方々を見ていても、しっかりとパーパスを持っている方は年齢を重ねてもいきいきと、楽しそうに活動していらっしゃいます。

私自身も、パーパスが明確になっていることで、重要な選択をする時の判断を迷うことはありませんし、困難な状況もポジティブに乗り越えられていると感じています。

そこで、自分が一生をかけて追いかけるべきパーパスの見つけ方をお伝えします。

●自分の感情がポジティブに動いた出来事を振り返る

パーパスを見つけるには、まず、自分自身を知ることからスタートしましょう。

日頃、同僚や部下、お客様などが何を考えているかを観察している方であっても、自分自身のことは客観視できておらず、メタ認知が低い状態で、意外と理解できていないことが多いものです。自身の心の動きに目を向けてみましょう。

私が20代の頃から毎日行っている習慣があります。

夜、就寝する時に、今日1日の出来事でうれしかったこと、楽しかったこと、感謝・感動したことなど、ポジティブに感情が動いたことを振り返り思い出すのです。

「こんな人に会えた」「こんなことを言われてうれしかった」など、些細なことでかまいません。自分が喜びや幸せを感じた場面を思い出し、感謝しながら眠りにつきます。

このようにポジティブなマインドで入眠すると、眠っている間にも「幸せホルモン」と呼ばれる「オキシトシン」や「セロトニン」などの分泌作用が数倍増すと言われています。当然、朝の目覚めも心地よいものになります。そして、ポジティブな感情が意識に刻み込まれることで、自分がうれしいこと、楽しいことを無意識のなかで自然と引き寄せるようになるといいます（これは量子力学的にも実証されているのだそうです）。

確かに私自身も、会いたかった人に偶然会えたり、良い方向へ向かうターニングポイントが予期せず訪れたりと、セレンディピティ（プラスの偶然を引き寄せる）効果を実感しています。「眠りにつく時、ポジティブなマインドになる出来事を思い出す」ということを、ぜひ試してみてください。「引き寄せ」の効果はあくまで副次的なもの。それ以前に、「自分はどんなことに喜びを感じるのか」を明確に認識できるようになります。

●「夢中になった瞬間」を思い出す

自分の過去も振り返ってみましょう。

子どもの頃から現在に至るまで、いくつかのターニングポイントがあったはずです。

その時、どのような考えからその意思決定をしたのか、重視した判断基準とは何だったのかを考えてみてください。

もちろん偶発的にその方向へ進んだことも多々あると思いますが、やはり何らかの感情が動いてその選択に至ったのだと思います。また過去の経験で、ワクワクしたこと、夢中になって取り組んだこと、自分が輝いていた「ハイライト」シーンなども思い出してみましょう。

それらをたどってみることで、「これがやりたい」「こうありたい」の共通項が見つかり原点に気づくかもしれません。

例えば私の場合、過去のハイライトシーンや楽しかった出来事を思い起こすと、「仲間と一緒に」という共通項が浮かびます。ひとりで黙々と何かに取り組むより、チームやクラス単位で行動したり、目的を持って目標を目指すことに幸せを感じていました。

それを自覚しているので、今もさまざまなテーマのコミュニティに積極的に参加していて、そこでつながった人々からエネルギーを得ていると実感します。

●自分にさまざまな切り口の質問を投げかけてみる

さまざまなテーマで、自分に質問を投げかけてみるのもお勧めです。例えば――

- これまでに読んで感動した本は？
- これまでに観て感動した映画・ドラマは？
- リスペクトする人物は？（実在の人物でも架空の人物でもOK）
- 好きなキャラクターは？
- 好きな食べ物は？
- 好きなスポーツは？
- なりたいと思ったことがある職業は？
- 学生時代の友人、前の会社の同僚などで、今もつながっているのはどんな人？
- 書店で思わず目が行くテーマは？
- まとまった休暇が取れたら何をしたい？

そして、質問に対する答えを出したら、「それはなぜなのか（WHY）」まで掘り下げて考えてみてください。自分の価値観が浮き彫りになってきます。

なお、こうしたワークを、友人や同僚と一緒に行うのも効果的です。

他の人との違いが明確になるだけでなく、自分のことをよく知っている人と対話すると、「○○ってこういう人だよね」「○○はそういうところあるよね」と、自分では意識していない自分に気づかされるものです。

●自分にタグ付けし、新たなご縁を引き寄せる

自分のパーパスになり得るテーマは、必死に探しても見つからないこともあります。それよりも、日々の自分の感情の動きを意識してみてください。それを重ねているうちに、気づいたら見つかっていた、ということも。日常で、ふと目の前に現れるものなのです。

そして、自分を表現するワード、自分が興味あるテーマを、どんどん「タグ付け」していってください。タグに関する情報を入手するために書籍を読んでみたりセミナーに参加してみたりと、そのタグをベースに仲間を探し、一緒に探求してみてください。

ちなみに、私が自分に付けたタグは40以上もあります。「転職エージェント」「キャリア支援」「エグゼクティブサーチ」をはじめ、「スタートアップ支援」「アントレプレナーシップ推進」「地方創生」「事業承継」「女性活躍支援」「スポーツ振興（ラグビー・アメフト）」などなど。

自分に付けたタグのいくつかは、いずれ意外なところでご縁が結ばれ、パーパスにつながっていく可能性があります。

タグ＝自分のブランドであり、それを磨き上げていくことができます。

SNSを利用している方であれば、自己紹介欄の自分のタグをより適切なものに書き換えたり増やしたりすることで、新たな機会や出会いを呼び寄せるかもしれません。

先述しましたが、自分が興味を持っているテーマ、自分を表現できるテーマの「サードプレイス」を持つのもお勧めです。サードプレイスとは、職場でも家庭でもない、自分の価値を発揮できる居場所です。サークル活動、勉強会、NPOでのボランティア、地域コミュニティ、スポーツ・音楽などの趣味のコミュニティ、副業など、何でもかまいません。

志や目的・目標を同じくする人々が集まる場所に身を置き、「自分が必要とされている」「自分の価値が認められている」と感じることで、パーパスの発見につながります。

転職の女神からのメッセージ

自分の「心の動き」を敏感にとらえよう

08 「リスキリング」で新たなキャリアへ踏み出すには？

最近、**「リスキリング」**という言葉をよく耳にするようになりました。

経済産業省が定義するところでは、**リスキリングとは「新しい職業に就くために、あるいは、今の職業で必要とされるスキルの大幅な変化に適応するために、必要なスキルを獲得する／させること」**。

そもそも、リスキリングがにわかに注目され始めた背景には、DXの加速があります。転職市場では、あらゆる業種の事業会社がDX推進に取り組むにあたりIT人材を求めています。また、事業会社のDXを支援するIT・ネット業界やコンサルティング業界もIT人材の採用を強化。IT人材の争奪戦が激化しており、各社採用に苦戦しています。

経産省の試算では、2030年に国内のIT人材は79万人不足するとの予測があります。

こうした状況から、国も企業も、「リスキリング」「学び直し」により、デジタル化時代に対応できる人材の育成に力を入れているのです。

しかし、リスキリングによって育成されるのは、DX人材だけに限りません。デジタル化に伴って仕事のやり方が変わり、ビジネスモデルが変わり、新たな職種も生まれてきます。一方、ニーズが減少する職種も。

さまざまな業種・職種の人々がそうした変化に対応していくためにも、新たなスキル習得の必要性がクローズアップされているのです。

「DX人材」の育成以外にも活発化している「リスキリング」の例をご紹介します。

●「手に職をつけたい」女性がウェブ技術をリスキリング

「私の仕事は、近い将来、AIやロボットに取って代わられるのでは……」

事務職の女性たちからは、そんな不安の声をよく聞きます。

確かに近年、ルーティンの事務作業にはRPA（ロボティック・プロセス・オートメーション）などの導入が進んでいますね。

事務職は派遣スタッフやパートとして就業している方も多く、長く働き続けられるかどうか、見通しが不透明な状態。そうした危機感から「手に職をつけたい」と、ウェブデザインやウェブマーケティングなどの分野を学ぶ女性が増えています。

例えば、SHE株式会社（本社東京都）が運営する女性限定のキャリアスクール「SHElikes」では、デザイン・マーケティング・動画編集・ライティングといったコースを揃え、20代～30代を中心とする女性たちのリスキリングを支援。累計登録者は5万人に達し、学んだスキルを活かして副業や転職を実現する事例を生み出しています。

近年は、企業と副業希望者のマッチングサービスやスキルシェアのサイトが増えてきています。リスキリングによって、まずは副業などからスタートし、実績を積んで転職を目指す。そんなキャリア構築の可能性が広がっています。

●販売・サービス職から「インサイドセールス」へ

近年、ニーズが高まっている職種の1つに「インサイドセールス」「カスタマーサクセス」があります。

「インサイドセールス」は、営業職でも、見込み客に電話・メール・ダイレクトメール・チャットなどを通じてアプローチし、ニーズを探る役割を担います（一般的に、顧客が関心を示したら、商談を詰めるフィールドセールス担当者にバトンタッチします）。

「カスタマーサクセス」は、既存顧客に対し、商品・サービスを活用してよりよい成果を得られるようにフォローする職種です。

いずれも、法人を対象とするＳａａＳ型のビジネスを手がける企業で採用が活発。採用ターゲットは法人営業経験者ですが、なかなか確保できないため、販売・サービス業などの経験者も受け入れています。

以前は、販売職・サービス職から法人営業への転職は難しかったのですが、今ならコミュニケーションスキルを活かしてインサイドセールスやカスタマーサクセスなどのポジションで採用されるチャンスがあります。それを起点に、いずれはフィールドセールス、あるいはマーケティング職などにキャリアチェンジしていける可能性も広がっています。

こうしたキャリア構築を支援するために、インサイドセールスやカスタマーサクセスに必要なスキル習得の機会を提供している企業もあります。

例えば、ＷｏｒＸ株式会社（本社東京都）では、未経験からＩＴ関連営業職へのキャリアチェンジを目指す方々に対して、実践的なトレーニングプログラムを提供しています。Ｂ２Ｂセールスに必要なスキルをマッピングして効率よく習得することが可能なプログラム。従来の前払い型ではなく、転職成功後の後払い型を採用することで、収入の制限なく教育機会を提供できるビジネスモデルが特徴です。

インサイドセールスやカスタマーサクセスは、テレワークやフレックスタイムなど、比較的柔軟な働き方が可能な職種です。

育児中の女性や、早期退職したミドル・シニア層の皆さんにとっても、リスキリングの方向性として、選択肢の1つに加えてもいいのではないでしょうか。

●ミドル・シニア層のリスキリングも増加

近年、業績が順調な大手企業であっても、将来を見据えて早期退職プログラムを設けるケースが増えてきました。

しかし、対象となるミドル・シニア層は、なかなか早期退職プログラムへ手を挙げにくい現状があります。社外に出て、自身の経験・スキルが通用するかどうか自信を持てないことが大きな理由の1つです。そこで、企業側がミドル・シニア層のリスキリングを支援する動きが目立ってきました。

ミドル・シニアの皆さんにとっても、こうした支援プログラムを利用してセカンドキャリアを模索し、リスキリングに臨むことが一般的になっていきそうです。

●「学習力」はこれからの時代に必要なポータブルスキル

日本の社会人の「学び直し」は、OECD諸国中でも非常に低水準……というデータがあります。2019年公表と少し前のデータですが、仕事以外で学習、自己啓発など何も行っていない人の割合が最も高い国は、日本がダントツでワースト1位、53％とか。2位オーストラリア29％、3位スウェーデン28％。ちなみにトップは、インド3・2％、次がベトナム3・6％、インドネシア5・4％、フィリピン5・6％とアジアの途上国となっています（パーソル総合研究所「APAC就業実態・成長意識調査」）。

しかし、これだけ変化のスピードが加速している時代、新しい知識・情報を取り入れていく習慣を身につける必要があることは言うまでもありません。

世の中には多くの情報が溢れていますが、個人が持っている情報のうち、30％は1年以内に時代遅れとなり、5年先にも使える知識・経験は15％程度しか残らないとも言われています。自身の知識や情報はあっという間に陳腐化していくのだと認識し、常にアップデートを続けていきたいものです。

今の時代、「この資格さえ取っておけばいい」「この分野のスペシャリストになれば安泰」というものはありません。トレンドの変化のスピードはますます加速していきます。

だからこそ大切なのは、「学習力」。

新しいことに好奇心を持ち、常にインプットし、それをアウトプット（活用）する。そのサイクルを高速で回転させていく力が、これからの時代に欠かせないポータブルスキルであると言えるでしょう。

転職の女神からのメッセージ

成長のため行動できる人には可能性が広がる

09

異業種への転職にギャップはつきもの

――「アンラーニング」をうまく達成する秘訣

「リスキリング（学び直し）」とともに注目されているのが「アンラーニング」です。これは「学習棄却」とも言われ、これまで身につけた知識・スキル・価値観などを意図的に捨て、ゼロベースで学び直すことを意味します。

私はビジネス経験豊富なミドル層の転職を支援することが多いのですが、実際、アンラーニングができている方々が転職に成功していらっしゃいます。

DXが活発化しているように、既存ビジネスにも新たな手法やモデルが続々と導入され、大きく変化しています。これまで培ったノウハウや成功体験が通用しなくなっていて、どの業種・職種の方にとってもアンラーニングが必須の時代と言えます。

しかし、1つの業界で年齢・経験を重ねていくほど、特定の知識や価値観に凝り固まってしまい、アンラーニングが困難になりがちです。

40代で初めての転職に踏み切り、異業界へ飛び込んだSさんから、こんな悩みの声を聞きました。

「使うツールが違って慣れるまでに時間がかかったり、社内コミュニケーションの仕方にもお作法の違いがあったりして戸惑っている。以前の業界では成果を上げていたプライドもあり、もがいている自分がもどかしい」

苦労されているご様子のSさんですが、40代のうちにアンラーニングへのチャレンジに踏み切った決断は「大正解！」だと、私は思います。

異分野への転職は、単に新たな業種・職種の知見を獲得するだけでなく、「アンラーニングができる人材になる」「アンラーニングのためのスタンスやスキルを身につける」機会になります。

仮にSさんが元の業界にとどまっていたとしても、どこかのタイミングで必ずアンラーニングが必要になるはずです。もし50代以上になってアンラーニングに迫られていたら、今以上に苦労する可能性があったのではないでしょうか。

アンラーニングを成功させるうえで欠かせない「変化対応力」「柔軟性」などは、同じ業界に居続けようが異業界に移ろうが、いずれにしても身につけるべきポータブルスキルです。

それを磨くためには、やはり変化の幅がより大きい環境に飛び込む。つまり異分野にチャレンジすることが有効です。そして変化を体験する場数を踏むことが手っ取り早いでしょう。

Sさんには今はさまざまなギャップが押し寄せてきて戸惑っているようですが、それは時間が解決します。必ず慣れていくものです。新たなポータブルスキルを磨けるチャンスと捉えてチャレンジすることで、確実にSさんの市場価値のバリューアップにつながっていくでしょう。

●「期間」を設定して、やり切ってみる

Sさんと同様、今、新たな環境や仕事に戸惑っている方もいらっしゃると思います。悶々としたネガティブな感情を持っていると、新たに学べる知識やノウハウを吸収しづらくなってしまいます。子どもが嫌々勉強しても身にならないのと同じこと。それではせっかくのアンラーニングの機会（チャンス）がもったいないです。新しいことを受け入れることに対してネガティブな姿勢だと、それは周囲の人にも伝わり、コミュニケーションまでぎくしゃくしてしまうでしょう。

過去を振り返らず、覚悟を決め、スイッチを切り替え、「目の前の新しいものを受け止める・受け入れる」というマインドセットを意識してみてください。

そして、半年なり1年なり期間を決めて、それを徹底的にやり切ってみてはいかがでしょうか。その期間やり切って、やはり違和感が続いているようでしたら、その時点で元の業界などに戻ることも検討すればよいと思います。

途中、目の前に差し出されたテーマに対して、興味を持てないこともあるかもしれません。けれど、情報収集したり学んだりしてキャッチアップしていく「プロセス」の経験は、この先も必ず役に立ちます。仮に異業界へ転職したとしても、いつか活きてくることでしょう。

しっかりとしたマインドセットを持って今のアンラーニングをやり遂げれば、きっと大きな満足感を得られます。

自身の成長と、この先のキャリアの可能性の広がりを感じられることでしょう。

それは、私が多くのビジネスパーソンのキャリア構築を見てきた経験、そして私個人の経験からも断言できます。

●強制的に学ぶ仕組みづくりが大切

私自身は新卒から一貫して人材業界にいるのですが、日々アンラーニングを意識しています。現在の仕事に関わりがなく、まったく接点がないテーマであっても、固定観念を捨てて学んでみるように心がけているのです。

例えば、専門分野外のテーマで講演の依頼が来ることがあるのですが、基本的に断ることはしません。もちろん、「私はこの分野についてそれほど詳しくないのですが、よろしいですか」と確認しますが、それでもOKと言われればお引き受けしています。

そこから、そのテーマのキーワードでアマゾンでの関連書籍を検索し、10冊ほどを購入。概要をつかんだうえで、主催者の目的と照らし合わせながら、私の知見・経験とも結びつくコンテンツを整理して構成を考え資料を作成、そして当日の登壇に備えるのです。

依頼を受けたからには、強制的に学ばざるを得ません。仕事に直接関わりがない知識を勉強することを、多少なりとも苦痛に感じることもあります。ただ、これも引き寄せられたご縁でもあり、私にとって必然の機会と受け止め前向きに取り組むように意識しています。その結果、知識量が増え、ヒトとのご縁につながるなど自分の中で幅が広がると、苦痛も快感に変わります。そして、振り返ってみるとこれまでの経験との親和性も見出せて、次の仕事に活かせることも多いのです。

アンラーニングに迫られて戸惑った時には、「今置かれている環境は絶好の学びの場」「将来のキャリアを広げるために必要なトレーニング」として向き合ってみてはいかがでしょうか。

アンラーニングのプロセスでは、自分が潜在的に求めていたものが「こんなところにあった！」と気づけたり、これまで接点がなかったような人たちと出会えたりします。

そんな新たな発見や出会いを探すつもりで取り組んでみてください。

転職の女神からのメッセージ

「変化」に飛び込んでこそ成長が待ってる

10

「MBA」は今も転職活動に有利か？

――企業はMBAホルダーのここを見る

転職やキャリアアップを図る際に「武器」となるものを持っておきたい。そう考えた時、「資格取得」を検討する人は多いようです。

そして、経営に近いポジションでの活躍を目指す人は、「MBA」に注目します。

さて、「MBAホルダー」の称号は、転職活動でどのくらい有利に働くのでしょうか？求人企業がMBAホルダーをどのような目で見ているのか、また、MBA以上に転職市場でプラス評価される要素とは……についてお話しします。

●時代の変化……MBAへの期待はどう変わった？

2000年代の初め頃、海外MBAホルダーへの評価は高く、応募書類に記載されていると一目置かれました。

しかし昨今、管理職から経営ボードメンバーまでの中途採用シーンにおいて、MBAを取得しているかどうかは、ほとんど気にされていないのが現実です。

職務経歴書に記載されていても、選考途中で「この人って、MBA持っていたんだっけ？」と記憶があやふやになる程度の印象。面接の場で、MBAにフォーカスした質問が出ることもまずありません。

MBAが最低限のビジネススキルのエビデンスとして必要な業種、例えばMBA先の転職先として人気の外資系投資銀行や外資系コンサル、再生ファンドや、まさにMBAホルダーが登竜門のようになっている外資系企業の幹部職種などに転職することを前提としない場合は、選考に大きな影響を及ぼすことはあまりないと言えます。

なぜ、MBAは以前ほどもてはやされなくなったのでしょうか。

国内の大学院やオンラインで学べるようになり、取得者が増えて希少価値がなくなってきたということもありますが、どうやらグローバルでもMBA取得者が年間数十万人増えており、明らかに供給過剰となっているのです。

それに、MBAプログラムといえば、成功した企業のケーススタディを中心に、経営課題の解決策や成功メソッドなどを学ぶのが特徴。

しかし昨今は、業種や企業によって状況や課題が千差万別となり、過去のモデルケースがあまり役立たなくなっています。そのため、ケーススタディを学ぶ価値を感じられなくなっているようです。

●評価されるのは、学びのプロセスで得たもの

「MBA取得を目指すかどうか」で迷った時、考慮したいのが「コスト」と「時間」です。海外でMBAを取得するには、国にもよりますが、学費は500万〜1500万円、期間は1・5〜2年。滞在費も含めると、プラス200万〜300万円ほどかかります。

また、2年間の場合、一般的に学習時間は3000時間以上に及びます。他の資格を見てみると、USCPA（米国公認会計士）が1500時間ほど、公認会計士が3000〜5000時間ほどかかりますので、MBAはそれらと同等かそれ以上の時間を費やすことになります。

これらのコストと時間をかけて、それを上回るリターンがあるかどうか……それが判断のポイントとなるでしょう。

くれぐれも誤解しないでいただきたいのですが、「MBAは学ぶ価値がない」と言いた

いわけではありません。「経営」を俯瞰して学べるという点で、学習する価値もあり、決して無駄にはなりません。

マーケティングや人事など、それぞれの業務について、これまで何となく経験と〝カン〟といった「感性」でこなしてきたことを体系的・理論的に学ぶことで、筋力の強化を図れます。学んだ後の仕事には説得力が生まれ、パフォーマンスも上がるでしょう。

つまり、学んだことを実践して、実際の仕事で成果を上げることこそが、転職市場での評価につながるのです。

MBAに限らず、「資格を持っている」ことより「実務経験のレベル」が重視されるのは、転職市場の鉄則です（もちろん、その資格を持っていなければできない「業務独占資格」はまた別の話ですが……）。

そして、MBA取得者は皆さん、ビジネスの知見以外にも、多くのものを得ています。

海外にMBA留学した方であれば、日本とは異なる価値観や文化を持つ人々と交流し、日常生活を共にすることで、多様性への理解力や柔軟な発想力を身につけたことでしょう。私は日々、エグゼクティブクラスのビジネスパーソンとお会いしていますが、成功者の多くに「海外での生活を経験している」という共通点が見られます。

彼らは、多様な考え方を柔軟に受け入れ、より効果的に組み合わせて機能させる能力に長けています。そうした力を養うために、MBAに限らず、海外留学あるいは海外駐在の経験を積むことを、私は日頃から皆さんに強くお勧めしています。

一方、仕事を続けながら国内の大学院などでMBAを取得した方も、プラスアルファの価値を得ていらっしゃいます。

「かなり忙しい仕事なのに、時間をやりくりして学習を両立させた」ということは、MBA資格そのもの以上に高く評価されます。

仕事と学びを同時並行することで、学んだことをすぐに実務で実践し、仕事のクオリティを高めていれば、もちろん大きな価値となります。

そして何より、「人脈」を活かしている人が多いと感じます。

MBAコースには、多様な業種・職種・年代の人が集まっています。普段接点のない人々とディスカッションをするだけでも新たな視点を得られますが、「共に学ぶ」ことで独特の絆が生まれ、「仲間」とも「同志」とも言える特別な関係が築かれます。

それは強力な「人脈」となり得ますよね。

実際、同じMBAクラスで学んだ修了生同士が手を結び、新しいビジネスやプロジェクトを立ち上げるケースは多数見られます。昨今であれば、副業（複業）という形で、お互いのビジネスに協力し合うケースも増えているのではないでしょうか。

企業側はＭＢＡ資格それ自体よりそこで得た人脈、自己管理力を評価しています。

●ＭＢＡ取得は「手段の１つ」と捉える

ここまでのお話をまとめますと、

「ＭＢＡホルダーの『肩書き』は、採用選考でそれほど効力を発揮しない」

しかし、

「ＭＢＡ取得までのプロセスで得たものは、高評価につながるケースが多い」

……ということです。

ただし、ここでお話しした「プラス評価される要素」は、ＭＢＡコースを履修しなくても獲得できるものですよね。

大切なのは、「多様な人々と交流することで、柔軟な発想力を持つ」「協力を得られるネットワークを構築する」。

これらは、ＭＢＡ以外のビジネススクールでも、副業（複業）でも、ボランティアやプロボノといった社会活動を通じても経験し、獲得できるものです。

そして、一時的な活動によって得たネットワークを持っている人よりも、「日頃からネットワークを広げる活動習慣が身についている」人が評価されます。

多くの人とのつながりのなかで、インプットもアウトプットもしている。「感度が高く、自ずと人や情報が集まってくる人なんだな」と思われれば、転職成功率も高まるというわけです。

MBA取得そのものを目的とするのではなく、そのような人材になる手段の1つとしてMBAを活用する、あるいは、より自分に適した別の方法も探ってみてはいかがでしょうか。

転職の女神からのメッセージ

学びは「プロセス」「アウトプット」が大切

11 「向いてない?」というモヤモヤから〝Will・Can・Must〟を見極めて適職を得るには?

「理想のキャリア」とは、どのようなものでしょうか。

よく言われるのは次ページの図のような「Will・Can・Must」が重なっている仕事でキャリアを積んでいくことです。

- Will　自分のやりたいこと
- Can　自分にできること
- Must　会社・社会から求められること

しかし、30代や40代になっても「Will・Can・Must」のバランスがとれていない人が多いのが現実です。

● 理想のキャリア

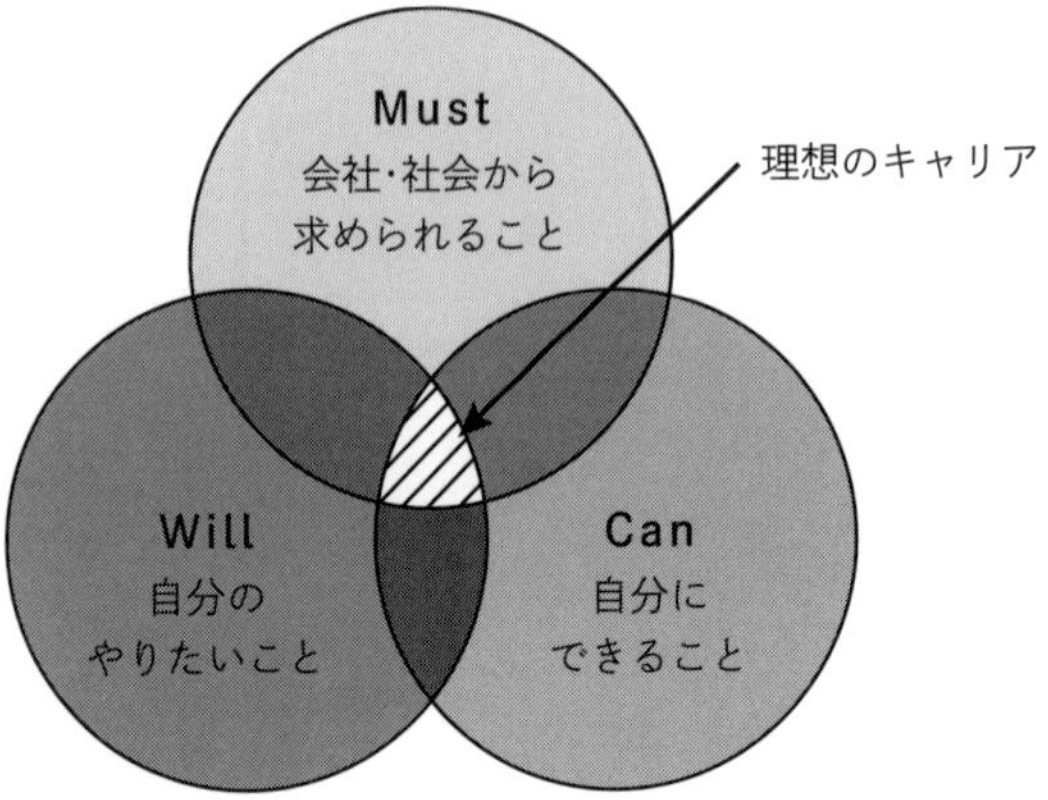

出所：筆者作成

そこで、自身の「Ｗｉｌｌ・Ｃａｎ・Ｍｕｓｔ」の方向性をつかむための方法、そして「Ｃａｎ・Ｍｕｓｔ」に偏りがちな30代以降でも「自分のやりたいこと（Ｗｉｌｌ）」を見つけてキャリアチェンジが叶うケースについてお話しします。

40代近いマーケティングのスペシャリストの方がこんなことを語っていました。

「学生時代、『マーケターってなんかカッコよさそう』というイメージだけでマーケティング職に就き、以来15年ほどマーケ畑でキャリアを積んできた。けれど、心のどこかで『この仕事、自分には向いてないかも』という思いがある。先日軽い気持ちで適性診断を受けてみたら、やはりマーケターとはかけ離れた、むしろ『研究職』に向く特性だという診断が出た。自分でも『確かにそうかも』と思った」

このような話は、これまでさまざまな職種の方から聞きました。誰かに話さなくても、自分の中でこんな思いを抱えている方は少なくないと思います。

スペシャリストの方はさらにこのようにも。

「もっと自分が得意なことを把握したうえで就活をすればよかったと、今になって思う」

この方同様、学生時代の就活では、自分に何ができるか、向いているかがよく分からず、「やりたいこと（≒憧れていること）」に比重を置いて志望企業を探した方が多いのではないでしょうか。結果、希望の会社に入ったものの「何だかしっくりこない」とモヤモヤ感を抱き続けている方もいらっしゃると思います。

そこで、「自分にできること（Ｃａｎ）」が何かを把握する方法をご紹介しましょう。

● 第三者と「壁打ち」をする

ひとりで考え続けていても、かえって迷路にはまることがあります。

そこで、第三者と「壁打ち」することをお勧めします。壁打ちとは、自分の考えや気持ちを第三者に話し、相手から返ってくる反応から気づきを得て、さらに考えを深めていく……という作業です。

友人や家族が相手でも、話すことで頭の中を整理する効果は得られますが、やはり自分より人生経験が長い人のほうが適切に導いてもらえる可能性が高いでしょう。

職場の先輩や上司、親しくしている取引先の方などでもいいですし、より客観的視点と人材マーケットの知識を持っているという点では、転職エージェントのコンサルタント、キャリアコーチ、キャリアメンターなどとしてサービスを提供している人々も、相談相手として適しています。さまざまな職業の知識とともにキャリアカウンセリングの資格を持ち、「思考を整理する方法」を知っているプロのサポートを受けるのも有効です。

では、壁打ち相手とどんな対話をするか。「Ｍｕｓｔ」は必然的に生まれてくるものなので、「Ｃａｎ」「Ｗｉｌｌ」に絞って考えてみましょう。

「Ｃａｎ」の見つけ方
――「人より得意な役回り」を整理する

これまでの仕事経験を振り返り、以下のポイントを書き出して整理してみましょう。まだ社会人経験が浅い方であれば、学生時代までさかのぼってみてください。

・成果を上げたこと
・褒められたこと
・感謝されたこと
・他の人より「できる」と感じたこと
・組織内で得意とする役回り（リーダーシップ／ムードメイク／意見調整など）

これらから、自身の汎用スキル＝ポータブルスキル（業種・職種にかかわらず持ち運びできるスキル）を探ってみましょう。それがあなたの「Ｃａｎ」と言えるものです。

何気ない経験でも自分を知るヒントになります。洗い出して「汎用スキル」を探りましょう。

「Ｗｉｌｌ」の見つけ方
――漠然とした憧れに対して「なぜ」を深掘りする

冒頭では、「カッコよさそう」というイメージだけでマーケティング職に就き、ずっとモヤモヤ感を抱いている方のお話をしました。

仕事選びにあたって「Ｗｉｌｌ」を軸にすることは大切ですが、漠然とした憧れだけで飛び込むと、遅かれ早かれ行き詰まってしまうことは多いようです。

そこで、壁打ちのなかで、「なぜ憧れるのか」「どういう部分に憧れるのか」を深掘りしていきましょう。

私はこれまで多くのマーケティング職の方々とお話ししてきましたが、同じような仕事をしている方でも、「世の中に必要とされているものを提供し、困っている人を助けたい」という志向の人もいれば、「トレンドやブームを生み出したい」という志向の人もいます。

その背景には、「誰かに喜ばれた」「こんなものをつくった時に達成感を得た」など、何らかの原体験があるものです。

それを壁打ち相手と一緒に振り返るうちに、自身が大切にしたいものが見えてきて、目標となる「Ｗｉｌｌ」が明確になるかもしれません。

● 世の中にどんな仕事があるかを知ることも必要

「Ｃａｎ」と「Ｗｉｌｌ」を接続させて適職に出合うためには、世の中にどんな仕事があるかを知ることも大切です。存在を知らなければ、自分に合う仕事かどうかをイメージすることもできません。

「業界地図」「業界研究」「職種研究」などの書籍や情報サイトはたくさんありますから、ぜひ仕事に関する知識を広げてください。年々更新されていっていますので定期的に振り返るようにしましょう。さらには、いろいろな人に話を聴き、「リアルな声」を知ることが大切です。

興味を持った業種・職種があれば、その仕事に就いている人たちが集まるSNSなどにアクセスし、どんな会話が交わされているかを覗いてみてもいいでしょう。

プライベートの友人でその仕事に就いている人に話を聞いてみるのもお勧めです。場合によっては、「リファラル採用」により、その友人の会社に転職するチャンスが生まれる可能性もあります。

●「川流れ」式でキャリアを築いていく道もある

私たち転職エージェントは、「中長期でキャリアプランを立てるサポートをしてほしい」と依頼を受けると、「未来の自分」を描いてもらうことから始めます。「60代になった時、どんな自分になっていたいですか」というように。

未来の姿を描き、そこを起点にその姿に到達するために、50代・40代・30代の段階でどんな経験をしておくべきか……と逆算していくのです。キャリアの「バックキャスティング（Backcasting）」思考法と呼びます。

しかし、一方で「将来のことは分からない」「まったくイメージができない」という方もたくさんおられます。時代の変化のスピードが加速している今、自然なことと思います。その場合、無理に将来像を決める必要はありません。

「目の前にあるものに、とにかく一生懸命に取り組む」
「自分が必要とされていたら、それに応える」

それでいいのです。

大手企業で役員クラスにのぼり詰めた人、経営者として成功した人などにお話を伺っていると、「やりたいことなんて特になかった」「目の前の仕事に本気で取り組んでいたら、成果が上がり、今の自分がある」ということは多々あります。

将来がイメージできなくても焦らないで。目の前のことを積み重ねれば道が開けます。目の前の仕事を頑張って結果を出すことで、新たな役割が与えられる。その繰り返しによってキャリアを築いていくことを、「川流れキャリア」「キャリアドリフト」などと呼びます。バックキャスティング思考法との対比としては、現在の延長線上で未来を予測するアプローチ「フォアキャスティング（Forecasting）」思考法と呼びます。

やりたいこと（Will）がなくても、目の前の仕事に全力で取り組んでいれば、「ポータブルスキル」が磨かれます。

そしてそのポータブルスキルは、この先いつか「Will」を見つけた時、その実現に役立ちます。

Tさん（30代／女性）の転職事例をご紹介しましょう。

ブライダル業界でウェディングプランナーとして働いていたTさんは、ある時、今後のキャリアと人生を見つめ直し、転職活動を開始しました。

Tさんの「Will」とは「人の人生に寄り添いたい」。そのWillにマッチする選択肢を探った結果、人材サービス業界のキャリアアドバイザーに転職を果たされました。

結婚式のプランニングと転職活動のサポート。まったく異なる仕事に見えますが、「これまでの人生を丁寧にヒアリングして志向や価値観を理解し、それにマッチするものを提案する」という点では共通しています。

Ｔさんが培ってきた「Ｃａｎ」が、「Ｗｉｌｌ」を実現するためのキャリアチェンジに活きた好事例と言えるでしょう。彼女のような転職事例は、40～50代になった方でも多数見られます。

とはいえ、やはり「Ｃａｎ」と「Ｗｉｌｌ」の両方を活かしていきいきと働ける期間は、少しでも長いほうがいいですよね。今、モヤモヤ感を抱いている人は、すぐにでも自身の「Ｃａｎ」「Ｗｉｌｌ」を見つめ直してみてはいかがでしょうか。

転職の女神からのメッセージ

「Ｗｉｌｌ」を見つけると、とるべき行動がわかる

12

「本当にやりたいライクワーク」に気づくには3つの質問で好きを要素分解しよう

私はこれまで多くの転職相談を受けてきましたが、30~40代で優れた実績を上げている方でも「自分が何をやりたいか分からない」と悩んでいるケースは少なくありません。「仕事とは収入を得る手段であり、『やりたいこと』を追い求めても仕方がない」といった考えをお持ちの方もいらっしゃいます。けれど私は、やりたいことを見つけた瞬間からいきいきと輝き始めた人をたくさん見てきました。

やりたいことを仕事にすれば、未知の分野であっても積極的に勉強できるので吸収が早く、熱意を持って取り組むこともできるため、成果も上がりやすいと感じています。

「やりたいこと=ライクワーク」をストレートに言ってみましょう。とはいえ、本当ならば「ミュージシャンになりたい」と言ったところで、現実的には難しいこともありますね。でも、「ミュージシャンになりたいという思い」「なぜそれが好きなのか」「なぜそれをしていると楽しいのか」を突き詰めていくと、「ミュージシャンになりたい」というのと近い要素を持つ仕事、かつこれまでの経験が活かせる仕事に出合えることもあると思うのです。

「やりたいこと」を見つめ直し、転職した方々の事例をご紹介しましょう。

●「これまでの人生でワクワクした思い出は？」

外資系広告代理店で長く経験を積んできたUさん（30代）は、「今の仕事は何となくしっくりこない」と、転職相談に来られました。しかし、やりたいことは明確にイメージできないとのこと。

そこで、Uさんの過去にさかのぼり、「楽しかった思い出、ワクワクした思い出ってどんなことがありますか？」と尋ねてみました。すると、こんなエピソードが語られたのです。

「親戚が農家で、子どもの頃に農作業の手伝いをしたのが楽しかったですね。実は今も趣味は家庭菜園なんです」

土に触れること、手間や工夫によって野菜がよりよく育つことに魅力を感じていたUさん。とはいえ、土いじりとはだいぶ遠いところにある外資系の広告代理店でどちらかというとスマートな仕事をしてきた彼にとって、今さら農業を始めるという選択肢は現実的ではない、という認識でした。

そこで私からご紹介したのは、ある外食企業の広報の求人です。その会社では農業生産者と直接提携して農産物を生産し、自社店舗で提供するほか外食企業や小売店にも販売していました。広告業界での経験を活かしつつ、農業に関われるポジション。Uさんは質のいい生産品を扱えることにやりがいを感じ、入社を決めたのでした。

「好きなこと＝ライクワーク」に直結する転職をされたUさんですが、ここまでうまくハマるのはむしろレアケースです。

好きなことに直結していなくても、好きなことの「要素」を持つ仕事に転職するケースは多数あります。

●「学生時代どんなふうに過ごしていましたか？」

Vさん（30代）はPR会社で営業マネジャーを務めていた方。あらゆる業種を顧客とする業界であるため、それぞれの業種の長所・短所を見てきました。その分、「自分にはどんな業種が合うんだろうか?」と選択基準を見失っている状態でした。

これはキャリアが豊富な方にありがちなこと。知識や情報を蓄え、理論的に判断する習慣が身についているため、自分の素直な感情に従うことができず、大切なものの選別ができなくなっていることもあるのです。

Vさんと私は「キャリアの棚卸し」を一通り行ったものの、「活かせる経験はたくさんあるが、やりたいことが何かは分からない」状態。そこで「学生時代はどんなふうに過ごしていたんですか?」とお聞きしました。

すると、お話を伺うなかで、Vさんの表情がいきいきと輝いた場面がありました。

それは「大学時代のダンスサークル」でのエピソードを話している時。最終学年時、最後の大会に向けて企画や準備をしたのが、とても楽しかったのだそうです。

「どんなところが楽しかったんですか?」と、さらに突っ込んでみると、こんな答えが返ってきました。

「同じ目標に向けて皆が団結する一体感、でしょうかね。それぞれが得意なことを活かして、1つのものを創り上げていくプロセスがすごく楽しかった」

例えば、美術が得意なメンバーが衣装をデザインして制作したり、踊るよりも振り付けが得意なメンバーがプロデュースを担当したり……ということです。そして、自分たちが創り上げたステージを観て楽しむ観客の姿を目にして、さらに喜びを感じたというのです。

ここでVさんが、個人プレーで成果を上げるよりも、さまざまな強みを持つ仲間たちの力を結集し、目標に向かうことに喜びを感じるタイプだということが分かりました。ちなみにVさん自身は、ムードメーカーとして皆を鼓舞するような役割だったそうです。

そんな役目を担える仕事、かつVさんの営業マネジメント経験を活かせる仕事の求人を探し、私からご提案したのが「ウェディングプロデュース会社の統括マネジャー」のポジションでした。

結婚式するカップルの希望を実現するという目標に向け、プランナー、サービススタッフ、ヘアメイク、フラワーデザイナー、料理人、カメラマンなどの多様な職種のスタッフが力を合わせる職場です。そして来ていただいたお客様と幸せを共有する仕事です。

Vさんは「考えてもみなかった業種」と驚いたものの、チームワークを活かして働けることに魅力を感じ、転職を果たされました。

●「なぜ?」を突き詰めると「思い」の本質が見えてくる

転職を考える時、「キャリアをどう活かすか」「今後有望な分野は」といった視点で考える方が多いと思います。

けれど、一度、「自分はどんなことに喜び・やりがいを感じるのか?」を見つめ直してみてはいかがでしょうか。次の質問を、自分に投げかけてみてください。

1　これまでで夢中になったことは?
2　これまでで楽しかった、嬉しかったのはどんな場面?
3　これまでで大きく感情が動いたのはどんな場面?

まずは仕事を始めてからの経験、そしてさかのぼって、学生時代、子ども時代の経験についても振り返ってみましょう。

そして、自分の回答に対し、「なぜ楽しかったのか」「なぜ魅力を感じたのか」というように、「それはなぜなのか」を深掘りします。

例えば、「ゲームに夢中になった」という方は多いでしょう。けれど、「なぜ好きだったのか」を紐解くと、「攻略法を練ること」「友達と集まってワイワイやること」「ストーリー性」「ビジュアルの美しさ」など、魅力を感じたポイントは人それぞれ異なるはず。そこにあなたの価値観が表れています。

「それはなぜなのか」を突き詰めていくことで、自分が好きなこと、大切にしたいことのキーワードが浮かび上がってくるのではないでしょうか。これからの仕事選びで、そのキーワードを意識してみましょう。

最後にWさん（40代）の転職事例をご紹介しましょう。

Wさんはエンターテインメント企業でショーのプロデュースやキャストのマネジメントを手がけてきましたが、やむを得ない事情で転職することに。エンタメ業界が好きで、強いこだわりをお持ちでしたが、希望に合う求人が見つかりませんでした。そこで、異業界への転職可能性を探るため、Wさんの「やりたいこと」を一段深掘りしました。

Wさんのこだわりの根本にあったのは、「人々が感動し、楽しめる空間・時間を創る」ということ。これを軸に求人を探した結果、転職先として選んだのは「介護付きサービスアパートメント施設の施設長」でした。

介護の経験もなく、当初はエンタメ業界とのギャップに戸惑ったWさんですが、「アクティブシニアの入居者の皆さまが余生を楽しく、毎日笑顔で過ごせるようにする」という施設運営方針を聞き、「自分がやりたいことと同じだ」と、共通性を見出したのです。エンタメ業界でのキャスト・スタッフのマネジメント経験は、施設で働くコンシェルジュや介護スタッフ・看護師などのマネジメントにも活かせることから、採用に至りました。

このように、「やりたいこと」そのものは叶わなくても、その根本にある「喜び」「やりがい」の要素を含んだ仕事は必ず見つけられるものです。あなたもぜひこの機会に、自分にとっての「喜び」「やりがい」を見つめ直してみてください。

転職の女神からのメッセージ

「楽しい」をとことん掘り下げてみて!

13

「共創力」はリミットレス転職成功の鍵を握るスキル

「これからの時代、どんなスキルを磨けば長く通用するキャリアを築いていけますか？」

「キャリア自律」が叫ばれている昨今、そんなご相談をいただくことが増えています。

このご質問に対する私の答えは「変化への対応力」、そして**「共創力」**です。

「変化対応力」については以前からお伝えしてきましたが、加えて近年は「共創力」が非常に重要であると実感しています。

私はエグゼクティブクラスの方々の転職支援を多く手がけていますが、これまで共創力を発揮してきたからこそ今のポジションに就いている方も多く、こういう方の多くは共創力を期待されて転職成功を果たしていらっしゃいます。

そこで、なぜ今、共創力が重視されているのかをお伝えします。

●コラボレーションやオープンイノベーションを推進する人材が必要に

「共創」という言葉は、近年になってよく使われるようになりました。日本最大の人材領域のネットワークである「日本の人事部」の人事辞典において、「共創」は次のように定義されています。

多様な立場の人たちと対話しながら、新しい価値を「共」に「創」り上げていくこと

企業の場合は、消費者や協力関係にある企業、社外人材といったステークホルダーを巻き込みながら、プロジェクトを進めていきます。商品を開発・改善したり、広めたりするためのマーケティング手法として、またはイノベーション創出のきっかけとして、近年のビジネス戦略において重要な概念と捉えられています。

共創の目的を一言で表現するなら「異質なものを組み合わせることで、新しい価値を生み出す」、です。

環境の変化が激しく、従来の事業だけでは先行きが見通せなくなっているなか、異業種との「コラボレーション（業種間・企業間・部門間の協調・連携）」や「オープンイノベーション（組織外の知恵や技術の活用）」を推進する動きが加速しています。

特に新規事業の創出を図る場合、自社内でゼロから取り組むよりも、すでに技術やノウハウを持つ他社とアライアンスを組んだり、M&Aを実施したりするほうがスピーディに実現できます。

そのプロセスでは、バックグラウンド・価値観・考え方などが異なる人たちと議論し、それぞれが持つ強みを引き出し、強みを結びつけながらシナジーを生み出していける人材が求められています。つまり「共創力」が高い人材です。

共創力が必要とされる具体的なシーンを挙げてみましょう。

●「DX」をはじめ自社内の変革を推進

新規事業の創出を図るため、これまでコンサルティングファームなどに依頼してきたけれど、うまくいかなかったり、コストがかかりすぎたりする。そこで、社内各部署を橋渡しし、それぞれの価値を組み合わせ、機能をさらに進化させて新しいものを生み出す取り組みにチャレンジする企業が増えています。

しかし、企業規模が大きくなるほど、既存事業をがらりと変えていくのは困難です。多くの場合、「抵抗勢力」が存在するからです。

それでも、時代の変化に危機感を抱いている経営陣たちは、既存の価値観を否定し、既存事業をいったんゼロリセットするくらいの意気込みで新しいビジネスを作っていこうとしています。

既存社員は人間関係のしがらみなどから、大胆なチャレンジがしづらい。そこであえて外部から人材を採用したいとするニーズが高まっています。

組織内での「保身」を考えず、固定観念に捉われない。かつ、新たなビジョンを掲げることで抵抗勢力さえも味方にできる、そのような共創力を持つ人材を求めているのです。そうした取り組みの代表格がDXの推進です。

DX推進人材として求められているのはITの専門家に限らず、「現場の業務を理解しており、どう変えていけばよいかを考えられる人」です。

実際、多くの企業がDXに取り組んでいますが、「共創人材」がいるかどうかが明暗を分けています。

既存社員をDX推進担当にアサインしても、抵抗勢力に向き合い、既存のものを否定することが難しい。そこを突破できるような変革力や推進力を備えた人物をDX推進リーダーに据えようとしても、そうした人物は今の部署の「エース」なので、引き抜きに反発されてしまいます。

そこで、外部からＤＸ推進人材を採用するのですが、現場からの協力が得られないせいでプロジェクトが進まず、早期に辞めていく失敗例も見られます。だからこそ、現場の人を巻き込んでいく共創力を持つ人材が求められており、そのような人材を獲得できた企業はＤＸによる変革を成功させているのです。

ＤＸ推進はまだ道半ばの企業が多数。こうした人材のニーズは今後も続くでしょう。

●異業種との共創で新商品を生み出す

先ほども触れたとおり、近年は新しい取り組みに際し、一からすべて自社でやろうとはしません。すでに技術やノウハウを持っている他社と手を結ぶことで、スピーディな展開を図っています。

異業種同士がコラボレーションすることもあれば、大手企業とスタートアップ、日系企業と外資系企業、企業と大学などの研究機関や自治体など異質な企業・組織同士での共創が進められています。

異業種同士の共創の事例は数多くありますが、一例として、ある食品メーカーと小売企業の共創の事例を挙げてみましょう。

消費者の購買スタイルが変わるなか、これまでのような店舗販売だけでは先細りの危機感を持った食品メーカーが小売企業と手を結び、小売企業が持つ消費者データを一緒に分析。それをもとに新商品の共同開発を行い、これまでの倍の価格の新商品を発売したところヒットにつながりました。

従来、メーカーと小売といえば、お互いの動きを探り、イニシアチブをとられないように警戒し合っていた関係です。

しかし、お互いの立場を超え、重要な経営資源である「消費者データ（顧客情報）」をオープンにすることで、お客様が求める真のニーズに応え、シーズ（ビジネスの種）を見出す「共創」を実践した好事例と言えると思います。

限られた市場でせめぎ合い、顧客を奪い合うのではなく、お互いの資源を活かして新しい市場を創り出す。それが異業種間の共創の理想的な形と言えるでしょう。こうした共創の場面でも、推進できる人材が求められています。

● 大手企業とスタートアップの共創

近年では、大手企業とスタートアップ企業が組んでのコラボレーション、オープンイノベーションの動きが活発化し、「アクセラレータープログラム（大手企業がベンチャー・スタートアップなどの新興企業に対し、協業・出資を目的とした募集を行うもの）」の導入や「CVC（「コーポレート・ベンチャー・キャピタル」事業会社が自己資金で組成したファンドによるネットベンチャー企業への投資）」の設立が増えています。

大手企業とスタートアップでは、意思決定のスピード感もカルチャーも大きく異なります。このギャップをいかにして克服し、企業規模にこだわらない「対等な関係性」を構築するかが、オープンイノベーションの成否のカギを握ることになります。

そこで、プロジェクトを推進する場合、双方に「共創力」を持つ人材が必要となります。例えば、大手ではコンプライアンスやリスクマネジメントの観点から、稟議や進捗を経てゴーサインが出るまでに時間がかかります。一方、スタートアップは細かなことを詰める前にまずアクションを起こし、動きながら考え、軌道修正しながらゴールへ近づけていきます。

このように、成功のロジックとスピードが異なるため、折り合いをつけながら共創を進められる人材がいれば、スムーズに運ぶでしょう。

大手企業側のメンバーは、資本力やブランド力があるからといってスタートアップを下に見るのではなく、相手をリスペクトし、対等に向き合う姿勢が重要です。一方、スタートアップ側のメンバーは、企画力や技術力だけを発揮すればいいわけではなく、大手企業ならではの組織事情や決裁の仕組みなどを理解したうえで対応する姿勢が必要です。それも「共創力」の要素の1つと言えるでしょう。

●共創力を活かした「コ・クリエーション」

「コ・クリエーション」という言葉は、企業によって捉え方が異なりますが、ここでは「消費者や顧客を巻き込んで新たな商品・サービスの開発を行う取り組み」と定義してお話しします。

一昔前の商品・サービス開発は、競合他社を意識しながら、より機能性やデザインに優れたものを開発。自社製品ならではの魅力を打ち出し、ブランド化し、プロモーションを展開して拡販する「プロダクトアウト型」でした。

しかし、昨今の商品開発のトレンドは「マーケットイン型」。マーケットニーズを優先し、顧客の声を汲み取って商品の企画・開発に反映するスタイルです。自社の商品開発部門で一からアイデアを出して商品をつくるのではなく、消費者の声に寄り添い、忠実に応えていくマインドセットへとシフトしています。

消費者がどのようなシーンでどのように商品・サービスを使うのか、何に困っているのかを把握し、課題を解決するための商品・サービスをつくる。このような商品開発スタイルにおいても、多くの人を巻き込む共創力が必要とされます。

ご紹介したようなプロジェクトでは、人材採用ニーズが高く、選考では「共創力」が重視されています。新たな価値を創出する仕事に携わりたい方は、共創力を磨くことで選択肢が広がるでしょう。

●5つのアクションで共創力を磨く

共創力を磨くためには、普段の仕事では接点がないような人々とコミュニケーションをとったり、協働したりする経験を積むのが有効です。今は多様な領域の人たちとつながれるサービスが多彩。それらのサービスも利用して、普段の仕事とは異なる領域への「越境」の機会を自らつくってみてはいかがでしょうか。
具体的なアクションの例をご紹介しましょう。

1 他部署や組織横断型のプロジェクトに参加する

まずは自社内で、自身の所属部署だけに閉じこもらず、オープンな場所へ踏み出してみましょう。他部署のプロジェクトに応援要員として携わったり、組織横断型のプロジェクトに参加したりするのです。社内イベントの実行委員会のようなものでもいいでしょう。メンバーを募集していたら、積極的に手を挙げて参加してみてください。

社内勉強会や社内ワークショップなどに参加するのもよいでしょう。他にも、自ら企画して全社から参加者を募ってみてはいかがでしょうか。ランチや食事会などから始めてみても。

部署や職種が異なる人々は、自分にはない視点や考え方を持っていたりするもの。そうした「異質」なものに触れるだけでも貴重な経験となるでしょう。

2 本業とは異質な環境で副業する

同じ会社内だと根本的な価値観は共通していますが、社外に出ると、より多様な価値観や考え方に触れることができます。

本業とは風土や環境が異なる会社などで副業をしてみるのもお勧めです。普段関わらない職種・タイプの人と協業するような仕事を選んでください。副収入を得るための副業1・0の時代から、今の仕事で培った経験やスキルを活かす副業2・0の時代に突入し、これからは異質な環境に敢えて飛び込み、越境での経験値を身につけるための副業、さらにはかねてより抱いていた夢やWillに近づくための福業3・0の時代がやってきます。まさに、副業を通して得られる「共創力」がキャリアの価値としての差別化になるでしょう。

3 社外のスクール・勉強会・ワークショップに参加する

ビジネススクールも、多様な人と出会える場です。企業や各種メディアが運営する「アカデミア」もあります。ソフトバンクグループの後継者発掘・育成のためグループ内外問わず受講生を受け入れているソフトバンクアカデミア、LINEヤフー株式会社が運営するLINEヤフーアカデミア、NewsPicks Learningなど。多種多様な参加者が主体的に実践教育を受けられる機会を提供しています。

昨今は「セールス」「マーケティング」「人事」など、職種ごとのコミュニティが増え、

SNSや勉強会などを通じての交流が活発化しています。こうしたコミュニティに参加すれば、同じ仕事でも他社ではやり方が異なることを学べるでしょう。

そこまでの時間や経済的な投資をしなくても「多様な業種・職種の人が集まるテーマ」で、「他の参加者とディスカッションや共同でワークをするプログラムが含まれている」セミナーでも、十分にキャッチアップは可能です。

例えば、「ロジカルシンキング」「プレゼンテーション」など職種にかかわらず必要なビジネススキル、「SDGs」「ソーシャルビジネス」など社会課題に向き合うテーマ、「マインドフルネス」「禅」、心理学の一種である「NLP」といった自己啓発のテーマのセミナー、最近では脳科学や量子力学、哲学などの分野でのセミナーに数百人規模の人が集まるなど、多種多様な価値観を持つ人と接点を持つことができます。

セミナーやワークショップなどの開催情報を入手するには、SNSで情報感度が高い人をフォローし、投稿をチェックしておくといいでしょう。

なお、リクルートでは社会人向けインターンシップ「サンカク」を運営しています。会社に勤務しながら、気になる企業の課題に取り組む体験ができるものです。

興味があるものから情報収集し、まずは一度参加してみてはいかがでしょうか。

4 趣味のサークルやコミュニティで活動する

職場とは異なる環境を経験するなら、スポーツ・音楽・カルチャーなど趣味の社会人サークルやコミュニティに参加するのもお勧めです。あるいは、地域コミュニティの理事や委員を務めたり、ボランティア活動に参加したりするのもいいでしょう。

職業・年代・家族構成など、多様なバックグラウンドを持つ人たちとの交流は、職場の同僚からは得られない気づきをもたらしてくれます。また、ビジネスとは異なるコミュニケーションのとり方が必要となりますので、新たなスキルが身につくはずです。

5 リーダー・管理職を経験する

共創力を高める方法の1つとして、「リーダー」「管理職」などのポジションを経験するのも有効です。

チームビルディングやチームマネジメントを行う立場に立つと、見える景色が変わるもの。自分ひとりの目標を追うのとは異なり、チームでの成果の最大化を追求するとなると、メンバー1人ひとりの強みをいかにして活かすかを考える必要が出てきます。つまり、メンバーとの共創のトレーニングになるわけです。

最近は、管理職への昇進の打診を受けても、拒否する人が少なくないようです。しかし、共創力を磨くチャンスだと捉え、引き受けてみてはいかがでしょうか。

あるいは、「管理職になりたいけれど、上が詰まっていてポストが空かない」という状況であれば、管理職候補を募集している企業に転職するのも1つの手です。

管理職の役職に就かなくても、新しいプロジェクトを自ら起案し、その責任者に立候補することで「チームリーダー」を経験する方法もあります。チームメンバーの強みを活かしてPDCAを回す経験をしてみてください。

さまざまな人との出会いは、最初は「点」であっても、やがて「線」でつながり、「面」となり、最終的には新しい価値の創出につながる可能性を秘めています。組織の垣根を越え、社内外のさまざまなリソースをつなぎ合わせていく意識で取り組んでみてください。

そして、出会う相手が異質であればあるほど、意外性のあるケミストリー（化学反応）が生まれ、イノベーションにつながりますから、なるべくなら社外の多様な人との交流を日常化することをお勧めします。

職場とも家庭とも異なる「サードプレイス」を持ち、普段の生活では接点がないような人との交流を増やし、制約のない越境の魅力を体感してみてください。その体験こそがリミットレス転職へとつながっていくはずです。

転職の女神からのメッセージ

「異質」との交流が、新たな発見につながる

14

キャリアの8割は「偶然」

――先入観を捨ててチャレンジする「好奇心」の保ち方は？

繰り返しになりますが、変化のスピードが加速しているこの時代に強いキャリアを築いていくためには「変化対応力」が欠かせません。

同じ場所で1つの仕事だけをずっと続けていくのは、リスクが高い。複数の経験・スキルを得て、それを掛け合わせることで、将来のキャリアの選択肢が広がります。そこで、社内異動・新規プロジェクトへの挙手・副業・社外活動・転職など、さまざまな手段で「新たな経験」を積んでいくことをお勧めしています。

その行動を起こしていくための原動力となるのが「好奇心」です。

教育心理学者であるジョン・D・クランボルツ教授が提唱した「計画的偶発性」理論というキャリア理論をご存じですか？

成功したビジネスパーソンを調査したところ、彼らのキャリアの8割は「予想しない偶

然の出来事」がきっかけとなり形成されていたそうです。つまり、「これをやりたい」という夢や目標に固執するよりも、目の前に偶然訪れた機会に積極的に取り組むほうが、よいキャリアを築ける、と指摘しているのです。

そして、計画的偶発性理論では、成功するキャリアを築くために、出来事が起こるのを待つのではなく、自ら引き起こすべく行動することがポイントだと指摘しています。

●「計画的偶発性」を起こす行動特性

具体的には、次の5つの行動特性を持つ人にチャンスが訪れやすいと考えられています。

- 好奇心——たえず新しい学習の機会を模索し、未知なることに興味を持ち続ける
- 持続性——失敗に屈せず、諦めずに努力し続ける
- 楽観性——新しい機会は必ず実現する、可能になるとポジティブに考える
- 柔軟性——こだわりすぎずに、概念・態度・行動を柔軟に対応する
- 冒険心——結果が不確実でも、リスクを取って行動を起こし、思いきって挑戦する

なかでもやはり「好奇心」が大切な要素の1つなのです。

中村天風さんという明治時代の哲学者は、人間には「潜勢力《せんせいりょく》」があると語っています。潜勢力とは人が内側に持っている可能性であり、「成長したい」「よりよく生きたい」というマインドやそれを実行するための能力を指します。誰もが生まれつき標準装備しているけれど、使わなければどんどん退化していってしまいます。

潜勢力を効果的に発揮するためにも、好奇心を持ってチャレンジすることが大切です。しかし年齢を重ねるにつれて、好奇心が薄れていってしまう人も多いようですね。

今は「人生100年」と言われ、先はまだまだ長い。しかも、時代はすごいスピードで変化していくのですから、ぜひ新しいことをキャッチアップしていく好奇心を持つことをお勧めします。そのほうが、将来のキャリアの可能性が格段に広がるはずですから。

●お誘いや紹介を断らず、先入観を持たず、会ってみる

私はよく「森本さんは好奇心旺盛ですよね。なぜ好奇心を持続できるんですか?」と聞かれます。その問いに一言で答えるなら、「好奇心を持つことで快感を得た経験がたくさんあるから」です。

私も最初は「好奇心を持とう」と意識するところからスタートしました。社会人になって2〜3年目の頃です。

「転職エージェント」という職業柄、エグゼクティブクラスやプロフェッショナルなビジネスパーソンと多くお会いする機会がありました。肩書や名声だけでなく、話をしていてとても楽しくワクワクする魅力的な方々の共通点が、「常に新しいチャレンジをし続けている」ことだったのです。自分も彼らのようになりたい、彼らを真似してみよう、と思いました。

私が特に尊敬していたある社長は、仕事とは関係なく、私から「こんな人がいるからおつなぎしたい」「私の友人に会ってみてほしい」と提案すると、快く応じてくださいました。その時、「どんな人なの?」と聞くことは一切ありません。私とその社長は根本的な価値観が共通していたので、私が紹介する人なら会ってみよう、と思ってくれたのです。

その方の影響もあって、私は「紹介したい」と言われた人に会うことや、会食などへのお誘いを断ることはほとんどありません。基本、スケジュールが合うものはすべてお受けします（合わなければ「その時は最善のタイミングではなかった」と思うようにしています）。そして、お会いする相手のプロフィールを事前に、徹底してくまなく調べておくことも、基本はしません。先入観を持たず、出会った時の直感を大切に、関係構築をしたいからです。

その結果、「お会いしてよかった!」「参加してよかった!」ということが多いのです。ビジネスに活きることもあるし、誰かの「ありがとう」につながることも。好奇心は、本当にたくさんの価値をもたらしてくれます。

人だけでなく、「コト」に対してもそうです。仕事でもプライベートでも、新しい体験をするチャンスがあれば、とりあえず乗っかります。

やってみると「これ、面白い!」「こんな世界があったんだ」と、視界が広がり、見える景色の彩りが変わります。そんな快感を何度も経験してきたので、また快感を得たくて、新たなお誘いに乗るのです。

苦手意識を持っていることでも、好奇心を持ってやってみると、意外に「できる」「向いている」「楽しい」を発見できることもあります。

例えば、私は以前、陶芸に誘われた時、最初「私には合わないな」と思いました。アクティブな活動が好きなので、じっと座って何かに集中する作業に苦手意識を持っていたからです。

けれど、実際にチャレンジしてみると、「無」になる時間を持つことはこんなに心地いいものか、と意外な発見となりました。やはり、やってみないと分からないものですね。

●好奇心を阻害する「失敗への恐れ」を取り除く

好奇心を持ち続けるためには、失敗を恐れる気持ちを取り除くことも大切です。新しいことをやろうとする時、「うまくいくかどうか分からない」「恥をかくかもしれない」「時間がムダになるかもしれない」なんて思っても意味のないことです。なぜならやってみないと分からないからです。

特に女性には「インポスター症候群」と呼ばれる、自分を過小評価してしまう心理傾向があるようです。特に初めてのことや未知なる領域に恐怖心を感じるようです。できる力があるのに自信が持てず、一歩を踏み出せない。すごくもったいないですね。

私が好奇心に従って新しいことにチャレンジしていけるのは、周囲の評価を気にしていないから。

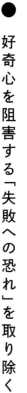

「うまくできなくてもいいじゃん。自分はこれが得意ではないんだということが分かっただけでも進歩だから、失敗ではないよね」

そんなふうに考えます。

むしろ、うまくいかなかったことからのほうが、多くを学べることもあります。次にうまくやるための第一歩だと捉えています。

それに、「うまくいかなかった」と思っているのは自分だけで、意外と周囲からは評判がよかった、なんてこともあるものです。

ですから、慎重になりすぎずに、まずは飛び込んでみましょう。

人はどんなことに後悔することが多いか。それは、やらなかったことへの後悔だといいます。

「迷ったらGO！」が私の基本スタンスです。

やらなかったことへの後悔は一生ついて回ります。それであれば、どんな結果であろうとも、やった経験そのものがかけがえのない価値だと感じます。

そして、最後に、私が幼い頃に祖母から言われた言葉をメッセージとして送ります。

「やらないで後悔するくらいなら、やった経験そのものが大事」

転職の女神からのメッセージ

チャンスとは、自ら引き寄せるもの

エピローグ

最後までお読みいただき、ありがとうございます。

さまざまな「リミットレス」の可能性についてお伝えしてきましたが、私が皆さんにあえてリミットを突き破るアクションをお勧めするのは、私自身がリミットを超えてきたからなのです。

振り返れば、リミットを1つ超えるごとに自分は少し変われたんじゃないかなと、成長を実感しながら、自分らしいキャリア（人生）を模索してきた気がします。

私が社会人になって最初にリミットを超えた経験は「異動」でした。

第3章の「セルフブランディング」でも触れたとおり、人材紹介の営業職として実績を築いていた「流通業界担当」から泣く泣く外れ、「ベンチャー企業のマーケット開拓」という未知の領域にチャレンジしました。その経験が今、「スタートアップの幹部採用に強い転職エージェント」というセルフブランドの確立につながっています。

また、会社員時代は「マネジャー」としてのキャリアを歩んでいましたが、やむを得ない事情から「スペシャリスト」の道へ舵を切りました。次男を出産したタイミングで夫が部署異動により「出張族」に。平日は夫が不在、実家は関西なので親のサポートも受けられないというワンオペ家事育児状態に陥ったため、マネジメントポジションを断念し、時間に融通が利く「自己完結型のコンサルタント」への転換を申し出て、グループ会社に転籍したのです。

そして、立ち位置が変わったことで、私の目は「組織内」から「社外」へ向きました。リクルートでは副業も認められていたため、書籍出版やメディアでの発信、講演活動を少しずつ増やしました。そうした活動がＮＨＫの番組への出演にもつながりました。

副業・複業が可能な環境ではありましたが、「組織人」でいるかぎり、やはりできることには限界があります。そこで本当に自分がやりたいことに自分の時間とエネルギーを注げる「(幸)福業」を目指し、〝会社員〟というリミットを取り払って独立起業したのです。

起業から7年、株式会社ｍｏｒｉｃｈという組織を通じて、まさに想いを同じくするメンバーやパートナーと一緒に「福業」を実現できていると実感しています。

「想像を超える未知へ」というコンセプトで立ち上げたｍｏｒｉｃｈのホームページに、今回お伝えしたかったメッセージが凝縮されています。

〝森本が願いを込めて立ち上がったｍｏｒｉｃｈは

同じ想いを持つ仲間があつまった会社。
世の中に去来する想いをすくいあげ、次の高みへつなげていく。
そして、人の想いと企業の志をつなぎ、本流へと導く。
互いにワクワクする景色を、挑戦で溢れる、希望溢れる未来を創っていく。
それが、私たちの目指す姿です〟

かつて、2人の育児とキャリア構築を両立させるため、「朝3時起き」をルーティンにしていた私の姿を見て、多くの方から「自分は森本さんのようにはできない」と言われました。確かに、私は大きな転機においても、日常の業務においても、リミットを超えるため、とにかくがむしゃらに働いていました。

けれど、私がキャリアを築いてきた時代と令和の現在とを比較すると、リミットはずいぶん超えやすくなっています。未知の世界の人へのアプローチや人脈づくりにはSNSを活用できますし、各社のリモートワーク制度を使えば育児やプライベート活動との両立、あるいは遠隔地の企業での勤務や副業も可能です。

業務を効率化できる多様なデジタルツールがあり、生み出された余剰時間を自己研鑽やサードプレイス活動に充てることもできるでしょう。

今の時代、さまざまなツールや整った環境をうまく利用すれば、リミットを超えるのはあなたが思っているほどは難しくないはずです。

本書を手に取ってくださったということは、あなた自身、転職に何らかの関心があり、何かしら新しい変化を起こしたいという思いを抱いておられるのでしょう。

大切なことは、あなたが無意識のうちに自分の内側に設けているリミットを認識し、それを超える意志を持つこと。意志があれば、実行の手段は豊富。誰にでも、「思いがけない自分になる」チャンスがあるのです。

21世紀も4分の1近くが過ぎましたが、ここ20年ほどの間に社会は大きく変化しました。スマートフォンの進化で生活様式が変わり、ここ数年はDXによりビジネスのあり方も変革が進んでいます。大企業では終身雇用が崩れつつあり、「キャリア自律」の意識も高まりました。一方、東日本大震災やコロナ禍を経て「生き方」を見つめ直した人も多く、価値観が多様化しています。

これからの数十年も、社会の姿や価値観は変化していくでしょう。「VUCAの時代：Volatility（変動性）／Uncertainty（不確実性）／Complexity（複雑性）／Ambiguity（曖昧性）」と言われるとおり、誰にも未来を見通せません。

だからこそ、読者の皆さんには、変化に柔軟に対応していくマインドやスキルを磨きつつ、「今」を大切にしていただきたいと思います。

私自身も「あなたの人生のハイライトはいつですか?」と問われた時、常に「今です」と答えられる人生を送っていきたいと考えています。


アップルの創業者であるスティーブ・ジョブズ氏が、2005年にスタンフォード大学の卒業式で行った有名なスピーチにこんな言葉があります。

「Connecting《コネクティング》 the《ザ》 dots《ドッツ》」——。

直訳すると「点と点をつなぐ」という意味ですが、その背後には深い哲学があります。

彼は、その際に、「後から振り返ると、いろいろなことがつながって見える」と語っています。つまり、「過去のさまざまな経験が、その当時は想像していなかったことに活きてくるのだ」と。

あなたに、改めて目を向けていただきたいのは、〝Dots《ドッツ》〟です。

どれだけ、今、ここの〝点〟を大事にしているか。

何かにチャレンジしているか、新しく始めているか。

目の前のDots《ドッツ》（機会・チャンス）に挑戦し、最善を尽くしているからこそ、後からのConnecting《コネクティング》が実現する。

そこから紡ぎ出されるメッセージは、「今やりたいことに挑戦し、全力を傾けよ。それが必ず未来につながる」ということだと私は解釈しています。

自分の中にある先入観や偏見、思い込みなどによる「リミット」を取り払い、「今できる最善の選択は何か」ということに目を向けてみてください。

私のフィロソフィーは「人は変われる」ということ。

転職エージェントという仕事を通じて多くの方のキャリアのターニングポイントに関わらせていただきました。

そして、リミットを取り払い、リミットを超えて、新たなキャリアにつながる第一歩を歩まれていく雄姿をたくさん見てきました。

「キャリア」とは、人生そのもの。

本書を手に取っていただいた皆さんは、「転職」やキャリアの転換期といった新たなスタートの前後で、まさに生き方そのものを内省するのにぴったりのタイミングを迎えていらっしゃるのではないでしょうか？

自分らしい人生を実現するのに遅すぎるということはありません。いつからでも変えていけます。

思い立ったが吉日です。

意識が変わると行動が変わる
行動が変わると習慣が変わる
習慣が変わると人格が変わる
人格が変わると人生が変わる

あなたのキャリアの可能性が広がり、自分らしく輝ける未来が実現することを、心から祈念しています。

謝辞

本書を作るにあたってはたくさんの方のお力をお借りしました。

本書にあふれんばかりの情熱と愛情を注いで編集に取り組んでいただいた三田真美さん、そして本書刊行の機会を作ってくださった常盤亜由子さんには心より感謝いたします。

私の同志として言葉を紡いで想いの表現をご協力いただいた青木典子さんには大変お世話になりました。青木さんのサポートなくして本書の完成はなかったと心より感謝いたします。さらに、私のパワーの源でありキャリア（人生）の伴走者でもある家族、そして株式会社ｍｏｒｉｃｈのメンバーにこの場を借りて心からの「ありがとう」を贈ります。

また、いつどんな時も大きな声援をおくっていただく恩師・先輩・後輩・友達・同志の皆さま、大きな期待を寄せ常に成長の機会を与えてくださる多くのクライアント企業・パートナー企業の皆さまに感謝の気持ちでいっぱいです。

最後に、本書を通じて出会うことのできました読者の皆様に厚くお礼を申し上げます。

いつかきっとお会いできることを楽しみにしております。

森本　千賀子

本書はBUSINESS INSIDER Japanにて、2020年2月3日から2024年3月4日まで連載された「森本千賀子の その転職の“常識”、間違ってない？」の一部を改題・再編しています。

森本 千賀子（Chikako Morimoto）

1993年、獨協大学外国語学部英語学科卒業、リクルート人材センター（現リクルート）入社。人事・組織課題に向き合いながら、転職エージェントとしてCxOクラスの採用支援を中心に、4万名超の求職者と接点を持ち、2500名超の転職に携わる。リクルート（エージェント事業）では、累計売上実績で歴代トップを記録し、全社MVPなど受賞歴は30回を超えた。2017年、株式会社morich設立。カリスマ転職エージェントとして数々のテレビ番組やメディアに登場するほか、社外取締役、顧問、NPO理事など「複業＝パラレルキャリア」を意識した多様な働き方を自ら体現。スタートアップ支援をライフワークに掲げ、文部科学省「アントレプレナーシップ推進大使」も務める。2男の母でもあり、希望と期待あふれる未来を、背中を通じて子供たちに伝えている。著書に『リクルートエージェントNo.1営業ウーマンが教える 社長が欲しい「人財」！』（大和書房）、『1000人の経営者に信頼される人の仕事の習慣』（日本実業出版社）、『本気の転職』（新星出版社）ほか多数。
株式会社morich　http://morich.jp/

リミットレス時代の転職術
「選ばれる人」の新常識

2024年11月6日　1版1刷

著　　者　森本千賀子

発 行 者　中川ヒロミ
発　　行　株式会社日経BP
日本経済新聞出版
発　　売　株式会社日経BPマーケティング
〒105-8308　東京都港区虎ノ門4-3-12
ブックデザイン　山之口正和＋中島弥生子＋齋藤友貴（OKIKATA）
編集協力　青木典子
組　　版　株式会社キャップス
印刷・製本　シナノ印刷株式会社
ISBN978-4-296-12095-6

本書籍に関するお問い合わせ，ご連絡は下記にて承ります。
https://nkbp.jp/booksQA
Printed in Japan